교육이 바뀌어야
나라가 산다

효율에서 성장 패러다임으로

교육이 바뀌어야
나라가 산다

김인희 지음

제1부 우리 교육의 문제

제2부 해법의 탐색

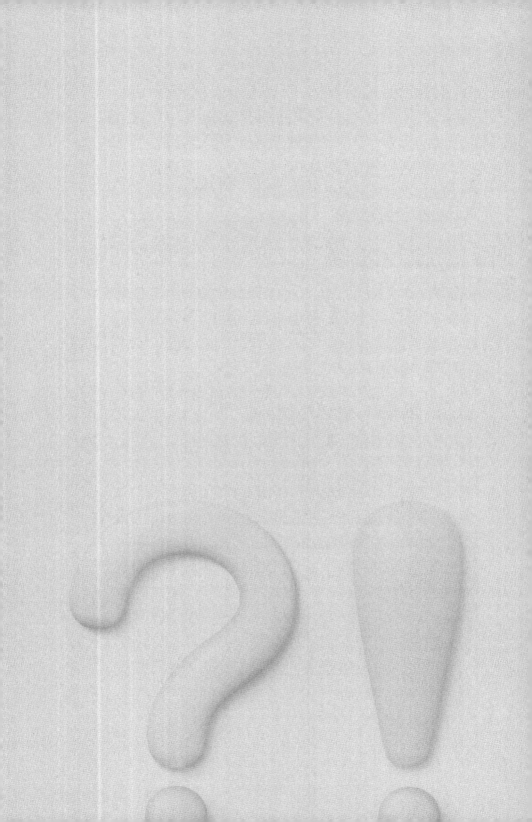

제1부

우리 교육의 문제

I
도입

    망령이 우리의 발목을 잡고 있다. 이는 세상에 퍼져 있는 코로나 바이러스와 비할 바가 아니다. 그 망령은 오랫동안 우리 스스로의 내부에 기생하며 서식하고 있다. 이 망령을 몰아내지 못하면 우리 국민이 공들여 세계에 우뚝 세운 자랑스러운 대한민국은 성장의 동력이 사라지고 쇠락의 길을 걷게 될 것이다. 우리보다도 우리 자손의 삶은 점점 피폐해질 것이다. 우리를 사로잡고 있는 망령은 곧, 위선과 거짓, 기회주의와 형식주의, 가치 전도(轉倒)와 편법 등의 모습으로 나타나고 있다. 이는 모두 '본질로부터의 이탈'이라는 속성을 지닌다. 생존과 번영을 위해 문제를 극복하고 우리의 잠재력을 다시 발휘하려면 어떻게 해야 하나? 어떤 '생각과 행동'을 해야 하는가?

    역사상 최고의 물질적 풍요를 누리는 오늘날 우리에게 가장 부족한 것은 철학, 가치, 원칙에 충실한 삶을 살고 이를 중시하는 자세이며, 그런 전통을 쌓고 지켜나가는 것이라고 본다. 우리가 추구해야 할 분명한 방향은 인간 존엄 사상에 기초하여 자유민주주의의 본질을 지키는 정신을 바로 세우는 것이다. 그러기 위해서는 껍데기가 아니라[1] 알맹이를 배우고 실천하는 자세를 정립하는 것이 중요하다. 현실이 그러하지 못하기 때문에, 위선과 거짓, 기회주의와 형식주의, 가치 전도와 편법이 세상에 만연하게 되는 것이다. 이는 소위 사회지도층이라 불리는 자들도 마찬가지이다. 확고한 정치철학 없이 온갖 수단을 가리지 않고 권력 잡기에 골몰하는 정치집단, 권력에 편승, 아부, 굴종하는 공직자, 전문가, 언론방송, 시민단체, 곡학아세하는 학자 등이 넘쳐난다. 이들은 건전한 비판 의식과 양심, 상식을 뒤로한 채 편 가르기를 일삼고 사사로운 이익을 추구하며, 한편으로는 얄고 감각적인 쾌락만을 좇는 우민(愚民)을 양성하는 대열에 함께 서 있는 듯하다.

이러한 사회적 병리 현상이 치유되려면 국민의 기본 사고와 행동이 전반적으로 바로 서야 하며, 이를 위해 교육이 제 역할을 하지 못하면 이 나라는 험난한 미래를 맞을 수밖에 없다. 왜냐하면 난관을 헤쳐 나갈 올바른 정신을 세우고 역량을 키우는 것은 교육의 과업이기 때문이다. 여기서 교육이란 학교교육만을 지칭하는 것이 아니라 우리 사회 전반의 교육 기능을 말하는 것이다. 즉, 학술, 문화, 예술, 언론 등의 역할이 깊이 관련되는 것이다. 미국의 저명한 철학자 존 듀이에 의하면 인간의 지력(知力)이 곧 민주사회의 보루이자 사회발전의 원동력이며, 교육은 사회를 운영하고 변화시키는 시민들의 지력을 성장시키는 대표적인 사회적 기능이다.

110년 전 우리나라는 왜 주권을 빼앗기고 식민지로 전락했는가? 그때와 지금은 얼마나 다른가? 그 당시 우리 모습은 국제정세에 어두운 것은 물론이고 기본적으로 국력이 쇠약했다고 보아야 한다. 구체적으로는 외국과의 경쟁에 필요한 과학, 기술, 산업 수준이 미약하였으며 당연한 귀결로 외세에 대한

1　이지성 (2020).《에이트 씽크》. 224쪽.

방어 능력도 취약하였다. 그러한 결과를 초래한 주된 원인을 찾아보면, 통치 세력 및 사회 지배계층의 무능력과 분열, 형식적인 명분론 집착과 협소하고 폐쇄적인 세계관, 신분사회(반상 계급)로 인한 낮은 사회 통합력과 부패 만연 등 낮은 사회적 의식과 역량, 그리고 중국의 속국을 자처한 통치 세력의 정치적 사대주의 등을 들 수 있을 것이다.

지금의 우리나라는 어떤 모습인가? 물론 세계 10위권의 경제 대국으로 올라서고 선진국의 문턱에 도달하는 등 구한말의 수준과는 비교할 수 없을 정도로 국제적 위상이 높아진 것은 사실이나, 국가의 미래를 낙관하기에는 우리 사회 안팎에 심각한 위험 요인들이 도사리고 있다는 것을 부인할 수 없다. 우리 사회에 던지는 다음 질문들에 대해 당신은 어떤 답을 내놓겠는가?

- 한국 경제의 미래? 다가오는 4차 산업혁명, 국제경제 환경에 우리는 잘 대응하고 있는가?
- 한국 사회의 모습? 가치의 위기. 지도층의 부패와 무능. Again 1910?
- 정치적 권위주의 시대로의 복귀, 착취적 제도로의 후퇴?[2]
- 대한민국의 전망? 우리를 지켜주는 것은 민족인가 국가인가? 해묵은 좌우 이념, 진영 간 대립을 어떻게 극복할 것인가? 어떻게 내부 갈등을 극복하고 남북통일을 이룰 것인가?
- 자유민주주의를 어떻게 지킬 수 있는가? 우리는 명실상부한 선진국으로 지속 번영할 수 있을 것인가?

---

2 Acemoglu와 Robinson(2012)은《국가는 왜 실패하는가?》에서 실패하는 국가의 공통점을 착취적 제도를 지니고 있다는 점으로 보고 있다. 그 반대인 포용적 제도의 요점은 사유재산권, 공평한 경쟁, 법치주의, 정치권력의 다원화이다.

이러한 질문들에 대하여 긍정적이고 희망적인 대답을 우리 스스로 얻기 위해서 무엇보다도 우리에게 필요한 것은 시비지심(是非之心), 즉 옳고 그른 것을 판별할 수 있는 분석적, 비판적 사고와 독선과 아집에 빠지지 않기 위한, 열려 있는 자유롭고 창의적인 사고이다. 이와 관련하여 우리가 극복하여야 할 몇 가지 도전과제가 있다고 본다.

첫 번째는 철학의 빈곤 문제이다. 최진석은 저서 《탁월한 사유의 시선》에서[3] 우리 사회에는 철학에 관한 공부를 하는 사람은 많지만, 막상 스스로 철학을 하는 사람은 찾아보기 힘들다고 지적한다. 이는 필자가 학창 시절 영어 수업에 대해 가졌던 생각과 매우 비슷하다. 영어 시간에는 의사소통을 위한 영어 구사 능력을 높이는 것이 아니라 주로 영어에 대한 지식을 공부했다고 생각한다. 그러니 대부분 10년 이상 영어 공부를 해도 외국에 나가 제대로 영어를 구사하지 못하는 일이 생기는 것이다. 도덕이나 윤리 교과의 수업도 마찬가지이다. 도덕과 윤리에 대한 지식을 암기하여 시험 보기에 급급하지, 도덕성과 윤리의식을 향상시키는 일은 별로 중시되지 않는다. 마치 자전거 타기 시간에 자전거의 역사, 구조와 원리 같은 것을 암기하고 있는 꼴이다. 그랬다고 자전거를 탈 수 있게 되는 것은 아니지 않은가?

문제의 요체는 교육의 방식이 교육의 목적을 달성하기에 너무 실질적이지 못하다는 점이다. 실질적이지 못하다는 것은 필요한 만큼의 효용을 얻지 못한다는 의미이며 그 이유는 그 목적의 본질에서 멀어져 있기 때문이다. 이러한 현상은 대학 교육에서도 나타난다. 미국의 사범대학 교수 채용에는 초·중등학교 교사 경력이 필수적으로 요구된다고 한다. 왜냐하면 초·중등학교 교사를 양성하는 사범대학 교수가 초·중등학교의 현장 경험 없이는 현실에

---

3 최진석 (2017).《탁월한 사유의 시선》.

적합한 교육을 하기 힘들다는 실질적인 생각이 바탕이 되기 때문일 것이다. 우리 대학의 사범계 학과 교수 채용에 이와 같은 조건이 필수사항으로 적용된다는 얘기는 별로 들어보지 못했다.

이처럼 실질을 소홀히 하고 형식이나 명분을 따르기에 급급한 현상은 교육뿐만 아니라 우리 사회 전반에 걸쳐 수없이 많은 예를 찾을 수 있을 것이다. 형식과 명분에 치우친 교육풍토로 인하여 우리의 철학 교육 역시 국민의 철학적 사고 능력을 기르는 데 별로 기여하지 못하고 있음을 쉽사리 짐작할 수 있다. 스스로 주체적으로 사고하고 판단하며 성찰하는 '철학적 능력'은 민주시민의 기본 역량이다.

한편, 교육의 문제와 관련하여 특히 '인간관'에 대한 철학적 성찰이 필요하다고 생각한다. 어떤 인간성을 우리는 추구하고 아이들을 어떤 인간으로 길러낼 것인가에 대한 깊은 논의가 필요하다. 인간을 다른 목적의 수단화할 것인가? 체제 순응적 인간을 양성할 것인가? 인간중심이란 무엇을 말하는가? 우리가 실행하고 있는 교육은 어떤 인간관에 기초하고 있는가? 인간에 대한 깊은 성찰 및 사회적 비전이 결여되고, 서로 배치되는 인간관의 조악한 결합이나 덧붙이기 수준에서 인간상이 제시된다면, 학교를 포함한 우리 사회의 교육 방향은 혼란과 갈등에서 벗어나기 어려울 것이다. 역량을 갖춘 민주시민을 길러내기 위한 교육의 정도(正道)를 세우기 위해서는 먼저 인간관의 정립이 요구된다.

두 번째, 과도한 정치 이념적 패러다임의 대립이다. 어느 나라 어느 시대나 이념의 대립과 갈등은 정치 세력의 경쟁과 맞물려 지속되어 왔을 것이다. 민주주의 국가의 정치적 이념은 대개 보수와 진보로 구분되는 경우가 많다. 미국의 공화당과 민주당, 영국의 보수당과 노동당 등이 그 예이다. 우리나라도 이와 유사하다고 볼 수 있을 것이다. 그러나 우리의 경우는 일반적인 보수, 진보 간의 대립과 균형의 정도를 넘어섰다고 본다. 우리의 경우는 보수, 진보 이전에 8.15 광복과 건국을 전후하여 형성된 사회주의와 자유민주주의 세력이 좌익과 우익으로 분리되었다. 한반도는 두 이념에 따라 분단되었고 전쟁을 거치면서 극단적인 대립 관계가 고착되었다. 남북 갈등은 남남 갈등에 영향을 미치면서 두 이념의 대립은 더 첨예해졌다. 보수는 반공, 군사정부, 시장 자본주의, 산업화 세력 등으로 시대를 거치면서 계통이 이어졌고, 진보는 평등 지향 사회주의, 반독재, 민주화 세력 등으로 이어지며 정치적으로 대립해 왔다.

이러한 정치적 이념 노선은 서로 상대방에 대하여 친일, 친미, 친중, 친북 등 색깔 논쟁을 벌이며 더 복잡한 구도를 형성하고 있다. 마치 구한말 열강 세력 사이에서 분열되고 방황하던 통치 세력의 모습을 떠올리게도 한다. 최근 미국과 중국 간의 패권 경쟁과 대립이 첨예해지면서 그 사이에 놓인 우리 정부가 겪는 딜레마도 이러한 모습의 단면이다.

우리나라가 지정학적 위치로 인해 열강 속에서 겪는 구조적 고충과 해묵은 세력 간 이념 대립이 맞물리고 그 역학 작용이 사회 곳곳에서 갈등을 일으키면서, 우리 국민은 독립적인 사고자(an independent thinker)로서의 판단 능력을 잃고 특정 세력에 동조하면서 양극단의 집단적 사고와 논리에 개인이 잠식당하는 일이 전개되고 있다. 자연히 교조주의적 도그마에 빠질 가능성도 커진다. 정치 세력들은 이러한 현상을 자기들의 이익을 위해 오히려 부추기기도 한다. 최근 유튜브를 비롯한 SNS 사용의 증가는 집단적 확증편향 증세를 강화하면서 세력의 결집과 대립을 촉진하는 기능을 하고 있다. 어떤 세력이 헤게모니를 잡든지 이러한 정치적 선동과 동조는 개인의 주체적 사고를 약화시키는 민주주의의 중대한 위협이 아닐 수 없다.

이와 같은 우리 사회의 철학 빈곤과 과도한 이념 대립은 개개인의 주체적인 사고와 선택을 전제로 성립하는 민주주의 운영 원리가 제대로 작동할 수 없게 한다. 개인이 독립적인 사고의 주체로 판단하고 행동하지 못한다면 누군가에 의해 조종을 당하고 지배당하기 쉽다는 것을 의미하며, 이는 민주주의의 근간을 무너뜨리는 중대한 위협이다. 힘을 가진 특정 세력과 이에 동조하는 매스미디어 등에 의해 대중조작이 쉬워지고 사람들의 판단 근거가 되는 진실이 왜곡됨으로써 기득권 세력은 옹호되고 그에 대한 비판과 도전은 차단된다. 국민 개개인이 냉철한 이성과 판단력을 상실하면 국가와 사회가 독재나 전체주의로 움직이는 것은 시간문제이다.

교육은 이러한 문제를 극복하기 위한 우리 사회의 희망이자 마지막 보루이다. 시간이 걸리더라도 사람들의 변화를 이끎으로써 문제 해결 역량을 향상시켜야 한다. 교육이 단순히 문화 전수나 현상 유지를 위한 기능에 그치지 않고, 현실의 문제를 인식하고 능동적으로 개혁해 나갈 수 있는 시민 역량을 기르는 데 힘쓴다면 미래에 대한 희망과 기대도 품을 수 있을 것이다. 이와 같은 관점에서 볼 때, 지금 우리 교육은 어디에 서 있고 어떤 문제와 한계를 지니고 있으며 그 원인은 무엇이고 또 해법은 무엇인가? 이 책은 이러한 문제의식에 기초하여 우리 교육이 지니는 문제와 원인, 해결 방안을 고찰할 것이다.

Ⅱ
무엇이
우리 교육의 문제인가?

1. 우리 교육은 효율적인가?
_교육 소외, 비효율, 낮은 생산성

근자에 교육 선진국으로 인정받는 핀란드와 한국을 비교하면 OECD PISA 결과 양국 학생들의 성취도가 OECD 회원국 중 최우수 그룹에 속한다는 면에서 공통점이 있다.[4] 그러나 학생들의 학업 시간을 보면 핀란드는 대략 한국의 3분의 2에 불과하다. 이는 공교육만을 비교한 것이므로 사교육 시간까지 포함한다면 우리 학생들의 학업 시간이 핀란드보다 훨씬 긴 것으로 보아야 할 것이다. 산출 수준은 비슷하나 상대적으로 투입 수준이 높다면 한국의 교육은 효율성에 문제가 있다고 보아야 한다. 이는 단지 시간이라는 투입 요인만을 거론했을 때의 이야기이고, 거기에 들어간 사람들의 노력이나 다른 자원까지 포함한다면 효율성 문제는 더 심각할 수도 있다. 학생들이 학업에 들

---

4   PISA는 OECD가 3년마다 실시하는 국제 학력 비교이다. 2018 PISA 결과에 따르면 37개국 중 한국은 읽기 5위, 수학 2위, 과학 4위이며, 핀란드는 읽기 3위, 수학 11위, 과학 3위를 기록하였다.

이는 노력, 이를 지원하기 위한 교사들과 학부모의 헌신, 학교를 비롯한 교육 당국의 정책적 노력과 투자, 어마어마한 사교육비 지출 등의 비용을 고려할 때 과연 우리 교육은 그에 걸맞은 성과를 산출하고 있는가?

2004년부터 교육부가 교육복지정책을 체계적으로 추진하면서 '교육 소외' 라는 현상에 대해 새로이 규정하고 정책적으로 대응하기 시작하였다. 이는 학습자가 자기에게 필요한 교육 기회를 제대로 얻지 못하여 학습 손실이 발생하고 그로 인해 성장 발전에 지장이 생기는 현상을 의미한다. 교육의 산출은 궁극적으로 학생의 성장으로 측정되어야 한다. 공교육이 운영되는 가운데 교육 소외가 발생한다는 것은 그만큼 학습의 손실이 발생하고 학생의 성장이 지체된다는 것을 의미한다. 교육 소외가 심할수록 우리 교육의 산출, 성과는 떨어지고 결국 공교육 자체의 효율성도 저하되는 것이다. 교육 소외는 교육 기회의 접근 제한, 교육 부적응, 교육 불충분 등으로 나누어 볼 수 있는데, 현재 우리 교육에서 특히 문제가 되는 것은 '교육 부적응'이라 할 수 있다. 교육 기회의 확대, 교육의 양적, 질적 여건의 개선은 지난 수십 년간 지속해서 추진되어 온 결과 괄목할 향상을 보여왔다고 할 수 있으나, 수업 소외와 학업 부진 등을 비롯한 교육 부적응의 문제는 좀처럼 해소되지 못하고 있다.

많은 학생이 학교에 다니고는 있지만 수업을 따라가지 못하여 학습 동기를 잃고 성적 지상의 학교 풍토 속에서 어려움을 겪고 있다. 일부 학생들은 끝내 학교에 적응하지 못해 학교를 중단하고 '학교 밖 청소년'이 되기도 한다. 겉으로는 문제가 없어 보이는 많은 학생도 성적으로 인해 엄청난 스트레스를 받고 있는데, OECD PISA 결과에 의하면 한국 학생들의 학교 만족도, 학교에 대한 소속감, 학교에서 느끼는 행복도 등은 비교 국가 중 최하위를 기록하고 있다. 청소년의 자살률도 상당히 높은 편이며, 특히 2000~2009년 동안에는 청소년 자살 증가율이 OECD 국가 중 2위를 차지하기도 하였다. 자살 충동을 느끼는 가장 큰 원인은 역시 성적 문제이다. 소득수준으로는 이미 선진국에 진입한 한국의 아동들이 나타내는 주관적 행복지수는 아프리카의 저개발국가 아이들과 큰 차이가 없다. [그림 1]을 보면 우리 아이들의 주관적 행복지수는 다른 항목, 특히 교육의 객관적 조건 등에 비해 비정상적으로 낮게 나타나고 있다.

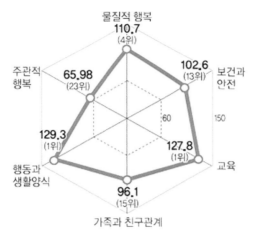

[그림 1] 한국 어린이 · 청소년의 행복지수 (2011)

*() 안은 OECD 국가별 비교 순위

단기적으로는 엄청난 투입으로 -낮은 효율성에도 불구하고- 성과를 낼 수 있을지 몰라도, 이처럼 건강하지 못한 집단적 심리상태에서 교육의 장기적 효율성을 기대하기는 어려울 것이다. 우리나라 만 15세 학생들의 학업성취도는 세계적으로 상위권 수준을 보이지만 연령과 학년이 올라갈수록 상대적 우수성은 점차 감소하는 것으로 알려져 있으며, 성인층의 학업능력은 OECD

국가 중에서 낮은 그룹에 속하는 것으로 나타났다.[5] 한국 학생들의 수학 성적은 세계적으로 최상위권이지만 수학 과목에 대한 선호도나 자신감은 최하위에 머물고 있다. 한국 학생들은 수학에 '질려 있다'라고 말할 수 있겠다. 아마도 대부분 학생은 대학입시 이후에는 거들떠보지도 않을 것이 확실하다. 또한 한국 학생들은 학교에 머무는 시간이 세계에서 가장 긴 반면에, 학교에 대한 소속감이나 학교에서 느끼는 행복감은 최하 수준이다. 아마도 이들에게는 학교에 머무는 시간이 '지긋지긋하다'라고 보아도 과히 틀리지는 않을 것이다.

교육 방법 면에서도 효율성의 문제는 지금까지 오랫동안 그리고 앞으로도 계속될 어려운 숙제임이 틀림없다. 우리 교육이 암기 위주, 입시 위주, 공급자 위주, 집단 위주라는 비판을 받아온 지 오래되었고 이를 탈피하기 위한 다양한 노력도 끊임없이 시도되었다. 도구주의, 성과주의 교육풍토가 가져오는 폐해에 대한 지적도 여전히 유효한데, 이는 성적 지상주의, 경쟁(승패를 전제), 획일주의(다양성의 枯死), 사색(깊은 심심함)의 부재, No Break 속 창의성의 실종, 얕고 가볍고 빠르고 단기적인 것의 추구, 같은 것의 반복과 강화(intensification), 탐구의 과정을 경시하고 정답만을 원하는 결과 중심 접근, 경쟁이 근본 원리가 됨으로 인한 공동체성 저해와 개인의 고립 심화 등이라고 할 수 있다.

왜 이러한 교육 방법상의 문제가 심각한가 하는 것은 또한 '미래 사회가 어떤 역량을 요구하는가?'라는 질문과도 맞닿아 있는데, 주로 문제해결력, 창의력, 비판적 사고력, 의사소통 및 협업 능력 등이 거론되며, 여기에 우리 사회의 맥락에서 특히 요구되는 감수성 및 공감 능력, 도덕성 및 정의감, 글로벌한

5　OECD의 Skills Outlook 2013 보고서에 의하면, 우리나라 16~65세 인구의 학업능력은 OECD 23개 비교 국가 중 읽기 능력에서 12위, 수리 능력에서 14위, 기술 환경 속 문제 해결 능력은 15위를 기록해 비교 국가의 평균보다도 낮게 나타났다.

역량과 감각 등을 추가할 수 있을 것이다. 문제는 현재 우리 교육의 모습이 이러한 역량을 키우는 데 얼마나 도움이 되고 있는가 하는 것이며, 이에 대한 일반적인 대답은 아마 상당히 부정적일 것이다. 우리가 교육을 위해 투자하는 시간과 노력, 자원 등을 고려할 때 이와 같은 교육 방법상의 문제로 인해 발생하는 비효율은 어떤 다른 문제보다도 근본적이고 중차대한 문제가 아닐 수 없다.

교육의 효율성에 영향을 미치는 또 다른 요소는 학교라는 교육기관의 효율성이다. 교육의 효율성은 학교의 효율성과 같이 움직이게 된다. 우리 학교의 문제 중의 하나는 '형식주의'라고 본다. 형식주의는 과업수행이 본질에서 벗어나 형식적으로 이루어지는 것을 말한다. 달리 표현하면 '목적보다 수단, 내용보다 형식, 본질보다 외양이 중시되는 현상'이라고 할 수 있다. 그 원인은 외부 요인, 즉 학교를 대하는 교육행정의 방식과 사회적 압력에서 비롯되는 측면이 큰데, 현실적으로 이루어지기 어려운 비현실적 과제를 학교에 요구하고, 너무 조급하게 결과를 기대하며, 본질적, 실질적 내용보다 피상적, 전시적인 외양 중심의 평가가 이루어지는 것 등과 관련된다. 너무나 많은 정책 사업이 공문과 함께 학교에 시달되고, 학교 본연의 기능인 교육활동을 저해하는 일관성 없고 비현실적 정책들이 부과되며, 수많은 규제적 조치와 사회적 압력들이 교사의 자율성을 가로막아 결국 과업에 대한 의미 부여가 어려운 교사들의 형식적인 반응을 불러오고 학교는 형식주의에 빠지게 된다. 형식주의는 곧 안전을 위한 가장(safe simulation), 적당주의 또는 타협, 소극적 실천 등의 양태로 나타나며 궁극적으로 학교조직의 정체를 가져오고 생산성을 저하시키게 된다.[6]

---

6   형식주의의 작동과 영향에 대해서는 김인희 (2019),《교육복지와 학교혁신》제4장 참고.

2. 우리 교육은 공정한가?

_형평성의 문제: 정의, 차별, 격차, 불평등, 양극화

교육의 형평성(equity)은 교육 기회의 배분은 정의로워야 한다는 주장과 다르지 않다.[7] 교육 기회의 정의로운 배분이란 곧 교육의 기회가 공정하게 주어져야 한다는 것을 말한다. 우리나라 헌법은 모든 국민은 능력에 따라 균등한 교육을 받을 권리가 있다고 선언하고 있으며, 교육기본법에는 국민의 학습권은 차별받지 않는다고 규정되어 있다. 인간의 기본권으로서의 교육받을 권리의 동등한 보장과 차별 금지는 국제법으로도 규정되어 있어 회원국은 이를 이행할 의무를 지닌다.[8]

교육 기회의 공정성 또는 형평성은 각국의 교육제도를 평가하는 중요한 잣대가 되며, OECD PISA 평가에도 형평성 요소가 포함되어 있다. 가장 대표적 평가지표는 학생의 가정 배경이 학업성취도에 미치는 영향인데, 우리나라는 이 지표에서 비교 국가 중 중위권 수준에 머무르고 있으며, 더욱이 근년에 들어 형평성이 후퇴하고 있는 것으로 나타나고 있다. 즉, 학생의 성취에 대한 가정 배경의 영향이 점차로 커지고 있음을 말한다. 이는 우리 교육의 양극화 현상이 심화하고 있으며, 그러한 추세가 다른 나라와 비교할 때 상대적으로 심각하다는 것을 말해주는 것이다.

우리나라의 경우 학생의 학업성취도에 미치는 가정 배경의 영향은 이미 수많은 연구로 검증된 바 있으며, 이는 세계적으로도 보편적인 현상이라고 할

---

7   이돈희는《교육정의론》(1999)에서 이러한 설명을 전개하고 있다.

8   유엔의 세계인권선언(Universal Declaration of Human Rights)과 아동의 권리에 관한 협약 (Convention on the Rights of Child), 유네스코의 교육차별철폐협약(Convention against Discrimination in Education) 등이 그것이다.

수 있다. 이와 관련하여 우리나라에서 특히 문제가 되는 부분은 사교육 기회의 격차라고 할 수 있다. 우리나라의 공교육 예산은 비교적 균등한 배분 원칙을 고수하는 반면, 사교육 기회는 그 성격상 완전히 시장에 맡겨져 있다. 즉, 사교육은 소비자의 구매력에 따라 서비스의 양과 질에 차이가 날 수밖에 없다. 실제로 소득수준이 높을수록 사교육 참여 시간과 지출 비용이 많은 것으로 나타나고 있다. 사교육이 실제로 학생의 학업성취도에 긍정적 영향을 미친다면, 학생의 가정 배경 특히 경제적 능력은 사교육 기회를 통하여 학업성취도에 영향을 미친다고 보아야 하며, 사실상 많은 연구는 그런 관계를 입증하고 있다.

공교육 영역에서도 부분적으로는 교육재정 지원의 격차가 발생하는 지점이 있는데, 시 · 군 · 구 기초자치단체가 지원하는 교육경비전입금의 지역 간 격차가 심하여 같은 시 · 도 내에서도 교육에 투입되는 예산에 지역 간 차이가 발생하는 문제가 있다. 예컨대 서울의 경우, 강남구나 서초구와 같이 재정자립도가 높은 지역과 은평구나 강북구와 같이 영세한 지역 간에는 교육 지원 예산에 상당한 차이가 발생하는 것이다. 이러한 문제는 정도의 차이는 있지만 어느 시 · 도에서나 찾아볼 수 있는 현상이다. 교육부에서 교육청을 통해 지원하는 지방교육재정교부금과는 별도로 시 · 군 · 구에서 지원하는 예산에 지역 간 재정 부담 능력에 따른 차이가 발생하기 때문이다. 이는 교육의 수요자인 학생, 학부모의 관점에서는 차별로 볼 수 있는 여지가 있다. 자기가 어느 지역에 거주하느냐에 따라 정부가 지원하는 공교육비에 차이가 나타나는 것은 학습권 차별의 소지가 있다고 보아야 한다. 교육기본법 제4조는 지역 간 교육여건 격차를 최소화하여야 할 정부 의무를 규정하고 있다.[9]

---

9 제4조(교육의 기회균등) ① 모든 국민은 성별, 종교, 신념, 인종, 사회적 신분, 경제적 지위 또는 신체적

공정성의 문제는 최근 고등학교의 학생부 작성과도 관련하여 크게 대두된 적이 있다. 대학입시를 위한 고등학생의 스펙 쌓기에 있어서도 학생의 가정 배경이 크게 영향을 미친다는 것이며, 이는 특히 정부 고위직의 자녀 입시 비리 사건과 관련하여 떠들썩하게 사회적으로 부각되기도 하였다. 이와 관련하여 정부는 학생부에 의한 수시모집의 비율을 줄이고 정시모집 비율을 늘리는 결정으로 대응하기도 하였다. 학생의 가정 배경이 교과 성적에만 영향을 미치는 것이 아니라 활동 중심의 비교과 영역에도 영향을 미치는 것으로 인식되면서 학생부 기록에 의한 수시모집의 정당성이 어느 정도 타격을 입은 것이 사실이다.

우리 사회에는 교육 기회 면에서 불리함을 지니는 집단들이 있다고 보는데, 저소득층 자녀뿐만 아니라 장애인과 건강장애자, 다문화가정 자녀, 탈북 청소년, 외국인 근로자 자녀 등도 이에 해당한다고 볼 수 있을 것이다. 경제적인 이유 외에도 신체적, 사회적, 문화적 이유 등으로 학업에 어려움을 겪는 사람들이 있다. 제도적, 정책적으로 특별히 돕지 않는다면 자기 힘만으로는 구조적 취약성을 극복하기 어려운 경우라고 할 수 있겠다. 미국의 소수집단 우대정책(affirmative action)과 같은 제도도 구조적 불리함을 지닌 자들에게는 적극적 지원을 하는 것이 형평성을 실현하는 방안이라는 믿음에 기초하고 있다. 물론 이러한 정책이 역차별 논쟁을 일으키기도 한다.

조건 등을 이유로 교육에서 차별을 받지 아니한다.
② 국가와 지방자치단체는 학습자가 평등하게 교육을 받을 수 있도록 지역 간의 교원 수급 등 교육여건 격차를 최소화하는 시책을 마련하여 시행하여야 한다.

3. 우리 교육은 효과적인가?

우리 교육은 가르칠 것을 제대로 가르치는가? 사회의 구성원으로서 필요한 역량을 기르는 데 얼마나 효과적인가? 사회의 구성원으로서 필요한 역량이란 무엇인가? 이 질문을 오늘의 우리 사회에 던진다면 아마도 도덕성, 정의감, 문제해결력, 창의력, 비판적 사고력, 감수성과 공감 능력, 더불어 사는 능력, 협동심 등이 우선순위에 올라오게 될 것으로 생각된다. 그만큼 그 필요성에 비추어 교육을 통해 제대로 길러내지 못했다는 평가가 있기도 하고, 미래 사회에 요구되는 역량으로도 이들이 특히 강조되고 있기 때문일 것이다. 그렇다면 이렇게 중요한 역량들을 그동안 왜 효과적으로 기르지 못하였을까?

필자는 크게 두 가지 원인이 있다고 본다. 첫째는 우리 교육이 실제로 작동하고 있는 원리가 이러한 역량을 키우는 것과 잘 맞지 않는다는 것이다. 물론 말과 글로는 이러한 역량들을 늘 강조하고 있으나, 실제 교육의 장면 속에서는 이러한 요소들이 그리 중요하게 작용하지 못한다. 학교에서 좋은 성적을 얻어 좋은 상급 학교에 진학해야 하는 눈앞의 과제를 실행하는 데 있어 이들 역량은 사실상 별 소용이 없으며 오히려 학업의 효율성을 떨어뜨릴 여지가 있다. 학교 시험이나 대입수학능력시험에서는 창의력이나 비판적 사고력을 별로 요구하지 않는다. 감수성, 공감 능력, 협동심, 더불어 사는 능력 등은 주된 평가 요소라고 보기 어렵다. 이러한 역량들을 특별히 갖추지 못해도 우리 학교 교육에서 성공하는 것이 가능하다.

둘째는 교육 방식의 문제이다. 이는 아마도 첫 번째 원인에서 비롯되는 측면이 크다고 생각된다. 교육과정상의 공식적 목표들은 겉으로는 강조되나 실제로는 크게 중요치 않기 때문에 형식적으로 다루어진다. 도덕성을 키우기 위한 도덕이라는 과목이 초·중·고 10년간 배우는 필수과목으로 되어 있지만, 도덕 과목의 성적이 학생의 도덕성을 나타낸다고 진지하게 믿는 사람은 아무도 없을 것이다. 도덕성을 기르는 방식으로 수업이나 평가가 이루어지지 않고 주로 지식과 이해력을 다루는 방식으로 대체된다. 이와 같은 역량들을 제대로 기르고 평가하지 않아도 학교 교육은 아무런 탈 없이 굴러가기 때문에, 설사 문제를 인식하고 있더라도 아무도 힘들여 그것을 바로잡으려고 노력하지 않는다.

이러한 이유로 우리 학교는 현재와 미래에 요구되는 중요한 역량을 제대로 기르는 데 실패하고 있다. 아무리 많은 정책 사업을 추진하고 가시적 성과를 보인다고 해도 가장 기본적인 과업에서 제대로 성과를 내지 못한다면 우리 교육을 효과적이라고 이야기하기는 어렵다고 보아야 한다.

교육의 효과는 또한 학생들이 교육을 통해 얼마나 성장하였는가를 보아야 파악할 수 있으며 이는 모든 학생에게 적용된다. 성장의 수준과 속도는 학생마다 다르므로 학교는 학생들의 성장을 획일적인 기준으로 측정할 수는 없다. 학생마다 소질과 능력, 관심과 희망 등에 따라 학습 목표가 설정되고 이에 따라 학습의 도달 수준과 성장의 정도가 측정 평가되어야 한다. 이러한 작업이 적정하게 이루어지지 않으면 사실상 학생의 성장을 제대로 평가하기는 어려우며, 결과적으로 교육의 효과도 판단하기 어려워진다. 우리 학교 교육의 모습은 어떠한가? 학생 개개인에 대한 충분한 학습 진단, 학습 과정 설계, 학습 결과 측정이 이루어지고 있는가?

4. 우리 교육은 정당한가?
_효율성, 형평성, 효과성

한 나라의 교육이 정당성을 지니려면 그 교육이 목적을 달성하는 데 효과적인 동시에 효율적이어야 하며, 그러한 교육의 기회는 누구에게나 공평하게 주어져야 한다. 어느 한 가지 조건이라도 충족하지 못한다면 그 교육은 국민으로부터 정당성을 인정받을 수 없을 것이다. 교육, 특히 공교육은 국민의 기본권을 보장하기 위하여 헌법과 법률에 따라서 국가와 지방자치단체가 의무적으로 수행하는 공공서비스이다. 국민의 세금으로 운영되는 만큼 효과적, 효율적이며 공정하게 수행될 수 있도록 최선을 다하여야 한다.

앞에서 살펴본 우리 교육의 문제들은 우리 교육의 정당성을 훼손하고 있는 심각한 문제들로서 그 역사는 오래되었고 그 배경 원인도 그리 단순하지 않다. 빠른 기간에 쉽게 해결될 수 있는 문제들이 아니라는 이야기이다. 이러한 문제들은 우리의 사고방식과 문화, 정치와 사회구조, 교육풍토, 교육제도와 학교의 운영 방식 등 다양한 차원과 수준에서 서로 연관되고 얽혀 있다. 그럼에도 불구하고 이러한 어려운 문제들을 풀어나가는 것이 우리의 시대적 과제이며, 효과적, 효율적이고 공정한 교육체제를 새롭게 구축하는 것이 교육을 통해 우리 사회를 바꾸어 나갈 수 있는 바른길이라는 점에는 의심의 여지가 없다.

Ⅲ
문제의 원인은 무엇인가?

1. 교육에 관한 관점
_패러다임, 가치관, 고정관념

가. 교육을 받는 목적은 무엇인가?
_도구주의: 출세, 성공 수단으로서의 교육

1945년 해방 이후 교육은 국민에게 사회계층 이동의 수단으로 자리매김하였다. 구한말 갑오경장 이후 일제 강점기를 거치는 동안의 신분사회 해체와 해방 이후의 농지개혁, 자유민주주의 정치체제와 사유재산권을 기본으로 하는 자본주의 시장경제의 도입으로 한국 사회에서는 누구나 노력하면 성공할 수 있다는 새로운 희망이 생겨났고, 실제로 성공을 향한 경쟁에 너도나도 참여하게 되면서 엄청난 사회적 성장 동력이 형성되었다. 이러한 성공 경쟁의 대표적인 수단이자 무대가 학교 교육이었다.

학교에서 좋은 성적을 얻으면 졸업 후 좋은 직장, 평판 좋은 직업을 얻을 수 있는 길이 열렸다. 경제성장과 산업화가 빠르게 진행되면서 더 다양한 일

자리들이 많이 생겨났다. 부모들은 자신들이 힘들여 일하며 아껴 모은 재산을 자식 교육에 아낌없이 투입하였다. 이와 같은 전 국민의 총체적인 교육 경쟁 참여는 반만년 한민족 역사상 처음 있는 일이었을 것이며, 지난 70년간 한국의 유례없는 빠른 국가 발전의 원동력이 되었음은 주지의 사실이다.

이처럼 교육을 다른 목적을 위한 수단으로 간주하는 인식 체계를 소위 '도구주의 교육관'이라고 부른다. 이러한 생각 자체는 앞에서 보았듯이 역사적 필연으로 매우 자연스럽게 형성된 한국인의 의식이기도 하며, 개인과 국가 발전을 위해 엄청난 순기능을 발휘해 온 것도 사실이다. 문제는 치열한 교육 경쟁이 사회적으로 심화 지속되면서 이러한 국민의 의식이 교육 운영의 모습 전반에 지대한 영향을 미치게 되었다는 것이다.

교육이 사회적 성공의 수단이 된다고 할 때 현실적으로 가장 중요한 요소는 사회적 성공의 교두보가 되는 유명 대학(예컨대 SKY라 불리는) 진학에 교육이 실질적 도움이 되는가와 관련된다. 학교 교육이 가지는 여러 가지 목적, 가치와 다양한 교육활동들은 유명 대학에 들어가는 데 실제로 도움이 큰 차례대로 우선순위가 정해지게 된다. 대학입시에서 수학과 영어가 중요해지면 학교 교육에서도 이들 과목에 가장 많은 관심과 투자가 따르게 된다. 대입을 위해서는 교과 성적이 무엇보다 중요하므로 학교 교육은 교과 성적을 올리는 데 에너지가 집중될 수밖에 없다. 그런 문제에 대한 대응으로 도입된 것이 학생생활기록부의 교과 내신과 비교과 활동을 종합적으로 고려한 수시모집이다. 학생들의 학습활동이 특정 교과에 편중되는 왜곡 현상을 완화하고 다양한 학습활동이 균형 있게 이루어지도록 하기 위한 방안이라고 할 수 있다.

우리 학교들은 교육 목표로 지·덕·체의 균형 발달, 전인교육, 인성교육 등을 강조하고 있으나, 도구주의 교육관에 지배된 학교 풍토에서는 그러한 교육 목표들은 사실상 뒷전으로 밀리기에 십상이다. 대학입시와 사실상 관계가 적기 때문이다. 대학입시를 앞둔 일반계 고등학교의 경우에는, 학교가 다양한 비교과 활동을 하려고 해도 학부모들이 이를 반대하여 실시하지 못하는 사례들도 있었다. 교사에 대한 평가도 시험 준비를 가장 효과적으로 시켜주는 교사가 가장 능력 있는 교사로 평가받는 경향이 있다. 시험에 나올 내용을 가장 이해하기 쉽게 정리를 해주어 질문이 사라지게 만드는 효율적인 수업이 가장 우수한 수업으로 인정받는다. 결국 도구주의 교육관이 지배하는 교육에서는 수단적인 가치의 관점에서 우선순위가 밀리는 교육활동, 교육 방식들은 위축되고 점차 도태되어, 결과적으로 다양성이 제약되고 균형을 잃은 편향된 교육의 모습으로 귀결된다.

도구주의 교육관의 영향은 교육활동이나 방식뿐만 아니라 교육정책과 교육행정 전반에도 영향을 미치게 된다. 대학 진학 성과는 학생뿐만 아니라 고등학교의 교사와 교장, 학교에 대한 평가 잣대가 된다. 최근 어느 교육감은 대학입시에서 모 일류 대학에 합격자를 내지 못한 고등학교의 교장들에 대해 문책성 인사를 단행했다고 한다. 어떤 교육감은 수년 전 전국 학업성취도 평가에서 자기 지역 학생들의 성적이 부진하자 다양한 특기 · 적성 활동을 제공하던 학교 방과 후 프로그램을 모두 영어, 수학 중심의 교과 활동으로 돌리고 학생들이 선호하던 비교과 활동들을 중단시키는 조치를 하기도 하였다.

나. 교육의 성공 기준은 무엇인가?_성과주의: 성적 지상주의

도구주의 교육관은 자연스러운 귀결로 성과주의와 연결된다. 대학입시가 성공의 통로가 되는 교육 상황에서 성과주의란 곧 성적 지상주의를 의미한다. 대학입시에서 비중이 큰 과목의 성적을 올리는 것이 학생, 교사, 학교의 목표가 되면서 교육의 절대적인 성과 기준은 성적이 된다. 성적을 올리는 데 모든 노력이 집중되고 이와 상관없는 교육활동과 교육 방식은 도외시된다. 성적을 올리는 것, 곧 시험에서 이른 시간 안에 정답을 찾아내는 것이 지상 과제가 되며, 결국 성적 올리기에 도움이 되는 것은 정당화되고 그렇지 못한 것은 설 자리를 잃게 된다. 성과주의 교육에서는 성과에 의한 평가가 이루어짐에 따라 상대적 서열이 형성된다. 성적을 기준으로 학생들의 상대적 서열화가 이루어지고 이는 다시 교사의 서열화, 학교의 서열화로 이어진다. 높은 서열을 차지하기 위한 치열한 경쟁은 당연한 귀결이다. 서열화가 가져오는 결과는 열등한 자의 도태이다.

성과 중심 경쟁풍토 속에서는 결과에 비해 과정이 경시되는 경향이 있다. 교육의 과정, 학습의 과정은 그 자체로 중요한 가치를 지닌다. 미국의 철학자 존 듀이는 교육의 목적은 좋은 사고의 습관을 기르는 것이며, 학습자가 자신에게 유의미한 문제 상황과 부딪혀 씨름하고 자기 스스로 해결책을 모색, 발견할 때 진정한 사고가 이루어진다고 하였다. 또한 이러한 사고는 문제 상황에서 trying과 undergoing을 경험하는 일련의 과정을 통해 이루어진다고 본다.[10] 결과를 조급하게 요구하는 성과주의 교육에서는 이와 같은 학습의 과정이 경시되거나 생략되는 경우가 발생할 수 있다. 결과만 좋으면 과정은 합리화되는 경우도 얼마든지 나타날 수 있다. 가장 이른 시간 안에 정답에 도달하는 방식만이 선호되는 풍토 속에서, 교육의 내재적 목적, 즉 '학생의 성장'이라는 가치는 추상적인 구호가 되고 정도(正道)보다 지름길, 편법이 우선하는 교육풍토가 조성되기 쉽다.

---

10 Dewey, J. (1916).《민주주의와 교육》에서, trying은 자기 생각을 바탕으로 행동을 시도하는 것이며, undergoing은 그 행동의 결과를 몸소 체험하면서 확인하는 것이다. 이와 같은 과정이 반복되면서 사고의 수정 또는 강화가 이루어지게 된다.

다. 교육에서의 수월성이란 무엇인가?
_상대적 · 선별적 수월성

우리 교육에서 수월성은 보통 평등성과 대치되는 개념으로 사용되곤 한다. 영어의 excellence를 번역한 용어로서 1980년대 중반 무렵부터 사용되기 시작한 용어인데 '뛰어남', '훌륭함' 등의 의미를 지닌다. 어느 한 집단에서 남들보다 뛰어난 재능이나 성과를 나타내는 경우 수월성을 지닌다고 흔히 말한다. 아마도 SKY 대학에 다니는 사람들 정도를 수월성을 지니는 집단이라고 부르면 과히 이상하지는 않을 것 같다. 어느 분야의 영재, 수재라고 부르는 말도 그들의 수월성을 지칭한다고 볼 수 있다. 이렇듯 일반적으로 수월성은 다른 사람과 비교하여 상대적으로 우월함을 지칭할 때 사용하며, 이들은 곧 전체 집단 속에서 소수의 선별적인 인원만이 지니는 특성, 자질에 기초한 것으로 해석한다. 이러한 수월성의 개념을 상대적, 선별적 수월성이라 부를 수 있다.

그런데 수월성의 어원이 되는 영어의 excellence를 설명한 미국의 1983년 'A Nation at Risk' 보고서를 보면[11] 그 뜻은 "모든 학생이 각자의 한계를 파악하고 이를 극복하여 자기 능력의 최고 수준에서 일을 수행하는 일"이며, 이와 같은 관점에서 교육학자 서정화는 수월성을 "다양한 수준의 능력을 갖춘 개개인이 힘껏 높은 수준의 업적을 올리려고 하는 노력 내지 그 소산"이라고 정의하고 있다.[12] 여기에서 보면 수월성이란 다른 사람과의 비교에서 뛰어남을 의미하는 것이 아니라 자기 자신의 잠재적 한계까지 도달할 수 있도록 노력하는 것을 말하고 있다. 그리고 이는 선별적인 일부 학생에 대한 것이 아니라 교육을 받는 모든 학생에 관한 사항임을 분명히 하고 있다. 타고난 능력

---

11   National Commission on Excellence in Education(NCEE) (1983). A Nation at Risk.
12   김인희 (2019). 《교육복지와 학교혁신》. 119쪽.

여하를 막론하고 모든 학생은 교육을 통해 자신이 지닌 잠재 역량을 최대한 발휘하여 자신에게 가능한 최고의 수준까지 도달할 수 있도록 노력하여야 하고 그것이 가능하도록 지원하여야 함을 말하는 것이다. 이는 앞의 상대적, 선별적 수월성의 개념과는 전혀 다른 수월성이다. 이를 절대적, 보편적 수월성이라 부른다.

김인희 · 이혜진(2016)은 우리나라에서 교육의 수월성을 논할 때 절대적, 보편적 수월성을 생각하는 사람들은 일부 정책담당자, 학자들과 교원의 절반 정도에 그치며, 다른 절반의 교원을 비롯하여 학부모, 언론, 일반 대중들은 주로 상대적, 선별적 수월성 개념을 생각한다고 한다. 즉, 대다수 사회구성원은 후자의 개념을 사용하고 있다. 문제는 선별적, 상대적 수월성 개념을 교육에 적용하게 되면 성취와 재능이 상대적으로 우수한 소수집단이 교육의 모든 장면에서 우대되며 이러한 모습이 정당화되기 쉽다는 것이다. '뛰어난 한 명의 인재가 십만 명을 먹여 살린다'라는 한 재벌 총수의 발언이 한때 우리 사회에 우수 인재 양성 논의를 촉발했듯이, 사회적 통념은 교육정책에 방향을 제시하고, 압력을 행사하며, 일련의 정책을 합리화한다. 그 한 예가 교육부의 수월성 교육 정책인데, 영재 교육, 특목고의 운영, 능력별 반 편성, 수준별 이동수업, 조기 진급 · 졸업, 대학 AP 학점제도의 시행 등이 주된 내용을 이루고 있다.[13] 이들은 모든 학생의 수월성 제고보다는 평준화 제도 속에서 성적 우수 학생들이 불리함을 당하지 않고 제 능력을 발휘할 방안을 제공하는 데 초점을 두고 있다.

상대적, 선별적 수월성이 적용되는 교육에서는 상대적으로 재능이나 성취가 낮은 학생은 교육의 과정에서 소외될 가능성이 커진다. 성적이 낮은 학생

---

13 교육인적자원부 (2004). 창의적 인재 양성을 위한 수월성 교육 종합대책.

들이 능력별 반 편성이나 수준별 이동수업에서 오히려 성적 향상이 잘 이루어지지 않는다는 연구 결과는 이미 주지의 사실이다. 성적이 가장 중요한 성공의 잣대가 되는 교육풍토에서는 성적 하위권 학생들에게 진정한 관심과 긍정적인 피드백이 주어지기 어렵고, 교육자원의 배분 면에서도 차별이 이루어질 가능성이 있다. 결과적으로 성적이 낮은 하위권 학생들은 자신의 역량을 최대한으로 발휘하여 절대적, 보편적 수월성을 추구할 수 있는 학습 기회를 얻는 것 자체가 어려울 수 있다. 학교 교육의 우선순위가 높은 서열의 상급 학교 진학 성과를 높이는 데 두어진다면, 이 학생들은 그 목표를 달성하는 데 오히려 짐이 되는 셈이다. 한 명 한 명이 유의미한 학습 기회를 제공받아야 할 소중한 고객으로 대우받는 것은 고사하고 그냥 1/N의 관리 대상이 될 뿐이다. 이러한 풍토 속에서 대부분 학생은 긍정적 자존감 대신 부정적 자아개념을 얻게 될 가능성이 높다.

라. 재능은 타고나는 것인가?
_재능 선천성 고정모델

보울러[14]는 저서 《언락(Limitless Mind)》에서 뇌의 가소성(신경가소성, neuroplasticity)을 바탕으로 학습 능력의 고정모델에서 벗어나 경험을 통해 개인의 학습능력을 점진적으로 신장시켜 나갈 수 있다는 견해를 펼치고 있다. 예컨대, 학생이 '나는 수학에 재능이 없어'라고 믿는다면 그의 수학 학습은 거기서 중단된다는 것이다. 그의 재능이 문제가 아니라 그의 뇌에 대한 고정모델 관념이 문제가 된다는 것이다. 학습을 계속하여 수학능력을 향상시키

---

14   Boaler, J. (2019). 《Limitless Mind》.

고 성취를 높일 수 있음에도 불구하고, 뇌에 대한 잘못된 인식 즉, '재능 선천성' 고정관념으로 인해 노력을 포기 또는 약화함으로써 성장이 중단 또는 지체되는 우를 범하게 된다는 것이다. 재능 선천성 고정관념은 재능이 높은 성취자들에게도 위험하다고 한다. 왜냐하면 언젠가 스스로 성취의 위기를 맞았을 때 자기 재능에 대한 종전의 믿음이 무너지는 경우 이를 극복하기 어렵다는 것이다. 즉, 이를 극복할 수 있는 정신적 힘의 기반이 존재하지 않기 때문이다.

  재능 선천성 고정모델은 상대적, 선별적 수월성 관념과 궁합이 잘 맞는다. 우리는 나와 누구를 비교할 때 흔히 그 성취의 차이가 타고난 재능의 차이에서 비롯한다고 생각한다. 나보다 우수한 성취를 보이는 사람이 나보다 뛰어난 재능을 지니고 있다고 판단하고 나의 재능을 폄하하게 된다. 그 결과 그 영역에서 노력을 포기하게 되는 경우도 많다. 그러나 우리가 학교에서 공부하는 이유는 내가 누구보다 잘하기 위해서가 아니라 그 내용이 나의 성장에 도움이 되기 때문이다. 내가 누구보다 못하다고 그 학습을 포기하는 것같이 어리석은 일은 없을 것이다. 내가 누구보다 자전거 배우는 속도가 늦다고 해서 자전거 타기를 포기하는 것은 말이 되지 않는다. 내가 요리법을 배우고 싶어서 요리학원에 다니는데 수강생 중에 나보다 요리를 더 잘하는 사람이 있다고 해서 재능 탓을 하고 요리 배우기를 포기할 수는 없지 않은가. 그러나 애석하게도, 상대적, 선별적 수월성 관념과 재능 선천성 고정모델이 결합하여 작용하고 있는 현실의 교육에서는 이러한 말도 되지 않는 일들이 일어나고 있다.

마. 그동안 교육개혁의 방식은 어떤 것이었나?
_합리적—구조적 접근[15]

지금까지 수많은 교육개혁 노력, 다양한 교육정책들이 교육의 변화와 발전을 목표로 추진되었으나, 대부분 성공적이지 못하고 실질적인 변화를 불러오는 데 실패하는 경우가 많았다. 이에 대하여 여러 학자는 교육개혁 추진의 접근법이 변화를 불러오는 데 적합한 방식이 아니었음을 지적하고 있으며, 지금까지의 접근 방식을 합리적—구조적 접근(Evans, 1996; 김인희, 2008), 기계적 모델(Hargreaves, 1994), 힘의 조작 접근법(Combs, 1996), 공학주의(서근원, 2012) 등으로 부르고 있다.

이 접근법은 두 개의 큰 가정을 전제로 하는데, 첫째는 세상은 질서 있게 운행하며, 둘째로 인간은 합리적으로 행동한다는 것이다. 이는 곧 세상이 운행하는 보편적인 법칙을 알고 인간이 추구하는 목적을 알면 세상의 현상과 인간의 행동을 설명할 수 있으며, 더 나아가 그 통제 수단을 가지고 있다면 세상의 운행과 인간의 행동을 원하는 대로 바꿀 수 있다고 보는 것이다. 이는 실증주의와 행동주의에 바탕을 두고 있는 사고라고 할 수 있으며(김인희, 2008), 사실상 오늘날의 사회를 움직이는 가장 대표적인 사고방식이라고 할 수 있다. 이 접근법은 능률성, 논리성, 객관성을 중시하며, 인간의 내면보다 객관적 현상에 초점을 두고 특히 현상 간의 선형적 인과관계에 관심을 둔다. 이러한 사고방식은 효율을 중시하는 과학·기술과 경제·산업 분야에서 큰 힘을 발휘했다고 할 수 있다.

이에 대한 비판의 초점은 이 접근법이 선형성, 합리성, 공식적 구조를 지

---

15 김인희 (2019).《교육복지와 학교혁신》에서 수정 인용.

나치게 중시하는 반면, 현장의 생명력 있는 현실, 인간의 심리, 변화의 과정을 방관하고 있다는 것이다(Evans, 1996). 또한, 현실 그 자체를 지나치게 단순화함으로써 선형적 인과관계보다 훨씬 복잡하게 얽혀 상호작용하는 사물의 관계를 이해하는 데 실패하고 있다는 것이다(김인희, 2008). 이와 같은 순진하고(naive) 지나치게 낙관적인 현실관에 기초한 변화 노력은 지나치게 변화의 과정을 단순화하는 반면, 상대적으로 투입을 중시함으로써 변화 과정의 역동성과 창조성, 우발성(contingencies) 등을 제대로 담지 못하고 결과적으로 실질적인 변화를 불러오는 데 실패하는 경우가 많다는 것이다.

김인희(2008)는 교육개혁의 접근법에서 이러한 합리적-구조적 접근을 '관리모드'라 칭하여 '변화모드'와 대비하면서 관리모드에 의한 교육 변화 추진은 실패할 가능성이 높다고 본다. 그러한 변화가 추진되는 과정에서 교사와 같은 개인들은 변화의 주체가 아니라 변화의 수동적 객체가 되면서, 비현실적, 비일관적인 과제 수행 요구에 형식주의적으로 대응하며, 내재적 동기보다 외재적 동기유발을 강조하는 교육정책 속에서 성취감을 맛보지 못하고 불만과 회의가 늘어난다고 본다. 이는 곧 변화의 주체가 되어야 할 교사들에게 있어 위로부터, 밖으로부터의 교육개혁 추진이 오히려 의미를 상실해 가는 과정이 되어 결국 교육개혁과 교사가 서로 소외되어 간다고 할 수 있다.

바. 교육에 신자유주의를 적용하는 문제[16]

자본주의 사회에서의 빈익빈 부익부 격차의 발생은 어쩌면 피할 수 없는 필연적인 현상이라고 할 수도 있다. 그러나, 교육 분야에서의 신자유주의 원

---

16   김인희 (2019).《교육복지와 학교혁신》에서 수정 인용.

리 적용은 교육 기회의 계층 간 격차를 더욱 부추기는 결과를 가져올 수 있다. 5.31 교육개혁에 담긴 신자유주의 기조, IMF 경제위기 이후 강화된 우리 사회 전반의 신자유주의 원리는 경제, 사회 전반 및 교육 기회 면에서 빈부 격차가 확대되는 데 영향을 미쳤다고 볼 수 있을 것이다. 신자유주의가 기반으로 하는 공급자 간 경쟁과 소비자의 선택, 즉 시장원리는 강점과 동시에 약점을 지닌다. 그 약점을 제대로 보완하지 못한 상태에서 이를 교육 영역에 적용하는 것은 매우 심각한 비교육적 역기능을 초래할 수 있다.

예컨대, 시장경쟁은 공급자의 성공과 실패를 전제로 한다. 공급자가 실패한다고 해서 그 과정에서 소비자가 손해를 보는 것은 아니다. 그러나 교육공급자인 학교의 경우 자유경쟁의 결과 실패를 했을 때 그 피해는 소비자인 학생에게 고스란히 돌아가게 된다. 학생은 상품이나 서비스를 고르듯이 언제든지 자유롭게 학교를 바꿀 수 있는 것이 아니다. 학교의 교사에게도 공급자로서 성공과 실패의 발생을 전제로 무조건 경쟁을 요구하는 것은 적절치 못하다. 누군가는 이 교사에게 수업을 듣고 지도를 받아야 하는 구조 속에서 실패를 전제로 하는 완전 경쟁을 요구하고 그에 따라 교사를 평가하는 것은 무리이다.

또한, 경쟁의 기준이 무엇이 되는가에 따라 교육이 왜곡될 수 있다. 예컨대, 학교에 대한 평가 기준이 상급 학교 진학률이고 학교 간에 이 기준에 의한 경쟁이 요구된다면, 학교의 교육 운영에서 진학률을 높이는 일과 관련이 적은 교육활동, 교육적 가치들은 소홀히 다루어지게 되며 주변화(marginalized)될 것이다. 이는 정상적인 교육을 저해하며 그만큼 학생들의 정상적인 성장과 발달을 가로막는 것이다.

이돈희(1999)는 제도로서의 교육에 있어서 정의(正義)란 곧 교육 기회 배분의 평등을 의미한다고 하였고,《정의란 무엇인가》의 저자 마이클 샌델은 교육에서의 정의란 모든 학생이 잠재력을 발휘할 수 있는 교육제도를 만드는 일이라 하였다. 우리 헌법과 교육기본법에도 교육 기회에 있어서 차별받지 아니함을 선언하고 있으나, 우리 사회에서는 교육의 계층 간 양극화 현상이 심화하고 있으며, 다문화가정 자녀, 탈북 청소년, 외국인 근로자 자녀 등 사회문화적으로 교육의 불리함을 지닌 이주 배경 아동, 청소년도 지속해서 증가하고 있다. 교육 기회에 있어서 경제적, 사회문화적 요인 등으로 인해 소외되거나 그 격차가 발생하는 사회구조는 교육 소외를 생산하는 중요한 사회환경 요소라고 할 수 있다.

교육 기회균등의 차원에서 볼 때, 신자유주의의 적용은 근본적 결함을 지닌다. 시장에서는 교육 서비스가 상품으로 거래되며 교육 기회를 누리는 수준은 소비자의 구매력에 의해 좌우된다. 지금 사교육 시장에서 볼 수 있는 현상이다. 부의 편재로 계층 양극화가 심화되어 가는 상황에서 교육을 시장원리에 맡기는 것은 교육 기회의 양극화를 더욱 부추길 수밖에 없다. 국민의 기본권으로서 보장받아야 할 수준의 교육이 공공부문에 의해 제공되지 않는다면, 시장에서는 최소한의 교육기본권조차 지키지 못하는 일들이 나타날 수 있다.

사. 교육의 공급자 중심주의

교육의 내용, 즉 구체적 교육과정을 결정하는 자는 교육정책을 담당하는 교육 당국(교육부와 교육청)과 교육이 직접 이루어지는 학교의 교원들이다. 이들은 교육의 공급자 위치에 있으며 교육을 실시하는 법적 권한과 책무를 지니고 있다. 이러한 일들은 기본적으로 교육행정이라는 기능을 통해 이루어지며 행정은 그 나름의 원리에 의해 작동된다. 공교육의 콘텐츠는 교육에 대한 전문성을 지닌 지식집단(정책결정자, 학자, 교원 등)에 의해 주로 결정되며 교육체제가 운영되는 방식은 행정적 제도와 관습을 따른다. 그것이 무엇이든 교육의 공급이 이루어지는 방식은 공급자가 결정한다.

여기에서 나타나는 행동양식 중의 하나는 산업화 시대의 오랜 관행으로 형성된 능률 중심의 행정편의주의이다. 예를 들면 우리 학교의 교육 운영 방식은 학급이라는 집단을 단위로 일률적인 형태의 교실 공간에서 이루어진다. 학습은 학기와 학년이라는 기간 구분에 따라 진행되고 관리된다. 다양한 능력을 지닌 학생들은 능력 수준보다는 연령에 의해 집단 구성되며 동일 연령 집단에는 동일한 교육과정이 부과된다. 학생에 대한 평가는 표준화된 평가도구에 의해 이루어지고 그 성적에 따라 상대적 서열이 정해진다.

이러한 교육 시스템에서 학습자 개인의 독자성과 선택권은 거의 찾아보기 어렵다. 요즘 교육전문가들은 학생 개개인의 능력과 적성에 맞는 학습 기회 제공과 학생의 자기 주도적 학습 방식을 강조한다. 그러나 우리 학교 교육의 실제 모습은 이와는 상당히 거리가 멀다. 그러한 요소를 도입하려는 시도가 없는 것은 아니나, 아직 우리 교육 운영을 좌우하는 지배적인 패러다임은 공급자 중심주의이며 공급의 효율성과 편의성이 우선적인 원리로 작용한다. 학습의 궁극적 주체는 학습자인 것을 고려할 때 이러한 공급자 중심 교육은 집단주의를 선호하게 되어 학습자 개개인의 요구를 충족시키는 데에 근본적 한계를 드러낼 수밖에 없다.

지금까지 살펴본 도구주의 교육관, 성과주의 교육, 교육의 상대적 · 선별적 수월성, 재능 선천성 고정모델, 합리적-구조적 패러다임, 신자유주의, 공급자 중심 교육 등은 상호보완적으로 밀접하게 엮여 하나의 거대한 인식 체계를 형성하고 있다고 할 수 있다. 여러 생각이 그 안에서 통합성과 일관성을 유지하며 서로 상호작용하는 동안에 강화(intensification) 작용이 이루어진다. 우리 교육을 들여다보면 이러한 인식 체계가 매우 깊으면서도 넓게 확산해 있음을 알 수 있다. 샤인(1992)은 문화의 중요한 구성 요소로 가치(value)를 들고 있는데 가치에는 신봉되는(espoused) 가치와 실제로 작용하는(acting) 가치가 있다고 한다.[17] 우리는 겉으로는 도구주의보다 교육의 내재적 가치를, 성적 지상주의보다 다양한 가치가 존중되고 풍요로운 학습경험이 제공되는 교육을, 교육의 상대적·선별적 수월성보다 절대적·보편적 수월성을, 재능 선천성보다 신경가소성을 당위론적으로 지지할 수도 있다. 후자를 신봉되는 가치라 한다면 전자는 실제로 작용하는 가치이다. 현실의 교육은 신봉되는 가치가 아니라 실제 작용하는 가치에 따라 작동하고 있다. 우리 교육의 모습, 특히 다음에 논의할 교육이 이루어지는 방식은 기본적으로 우리가 가진 교육에 대한 인식 체계에서 비롯된다고 보아야 한다. 우리가 적용하는 교육 방법에 문제가 드러난다면 그러한 방식의 근원에, 이제까지 논의한, 어떤 인식 체계가 작동하고 있는 것임을 이해할 필요가 있다.

2. 교육의 방법

가. 총알 vs 나비 / 고속도로 vs 오솔길

교육학자 허병기는 총알의 질서와 나비의 질서를 비교하면서 우리 교육은 어떤 질서를 따라야 할 것인가에 대한 문제를 제기한 바 있다.[18] 총알과 나비

---

17 Schein, E. (1992).《Organizational culture and leadership》.

18 허병기 (2003). 교육조직의 리더십.

는 어떤 공통점과 차이점이 있을까? 공통점은 둘 다 어떤 목표를 향해 날아간다는 점일 것이다. 총알은 표적을 향해 날아가고 나비는 꿀이 담겨 있는 꽃을 향해 날아갈 것이다. 차이점은 무엇일까? 총알은 표적을 향해 최단 시간에 최단 거리의 궤도를 따라 거의 직선으로 날아간다고 보아야 할 것이다(물론 장거리를 비행하는 총알은 어느 정도의 포물선 궤도를 그린다). 반면에 나비의 비행 궤적은 우리 눈에는 매우 불규칙해 보인다. 이리저리로 비틀거리며 날아가기는 하지만 결국 어김없이 꽃을 향해 나아가는 것만은 분명해 보인다.

비슷한 비유는 고속도로와 오솔길이다. 고속도로에서는 정해진 차선을 따라 매우 빠른 속도로 한 방향으로 주행한다. 완전히 출구로 빠져나가지 않는 한 도로 위에서는 규정상의 제한속도와 다른 차의 주행속도에 맞추어 오로지 직진 주행해야 한다. 도로 위에서는 멈추어 설 수도 없고 거꾸로 갈 수도 없으며 너무 빠르거나 너무 늦게 가도 안 된다. 여하튼 가급적 이른 시간 안에, 목적지에 안전하게 도착하는 것이 고속도로 운전의 목표이자 가치이다. 반면에 오솔길은 보행자에게 주어지는 아무런 제약이 없다. 가다가 쉬어도 되고 다시 돌아와도 되며 빨리 가도 되고 늦게 가도 된다. 길을 가다 꽃구경을 해도 되고 하늘을 쳐다볼 수도 있고 길가에 앉아 생각에 잠길 수도 있다. 잠시 옆길로 빠져 다른 구경을 하고 나서 제 길로 돌아올 수도 있다. 무엇보다도 다른 사람이 걷는 것과는 아무런 상관없이 나만의 걷기를 선택할 수 있다.

우리 학교 교육의 모습은 어디에 가까울까? 아마도 나비보다는 총알에, 오솔길보다는 고속도로에 가깝다는 응답이 훨씬 많을 것이다. 우리는 가장 이른 시간 안에 가장 많은 정답을 찾아야 하는 공부에 익숙하다. 항상 공부해야 할 것이 쌓여 있고 시간에 쫓기기 때문에 여유가 없는 상태에서 끝없이 성과를 내야 하므로 가장 능률적으로 학업을 관리해야 하는 상황에 놓여 있다. 그 때문에 성적을 올려야 하는 과목이나 영역 외의 공부나 활동은 불필요하고 오히려 성가신 것으로 치부된다. 고등학교 교육에서는 대학입시에서 중요치 않은 예체능과 같은 과목은 뒷전으로 밀린다. 입시와 관련 없는 다른 활동에 눈 돌릴 틈이 없다. 표적을 향해 바로 빠르게 날아가야 하며 나비와 같이 이리저리 기웃거리거나 오솔길을 걷듯 자기 나름의 여유를 부리기가 어렵다.

우리 학교에서 흔히 말하는 모범생은 어떤 모습일까? 우선 공부를 잘해야 하는데 공부를 잘한다는 것은 배운 것을 잘 이해하고 잘 기억해서 시험문제가 요구하는 정답을 빨리 잘 찾는 것을 말한다. 여기에 더하여 학교의 규칙을 잘 지키고 교사에게 순응하는 학생을 말한다. 즉 모범생의 조건은 이해력과 암기력이 좋고 성적을 올리기 위하여 부지런히 성실하게 배운 것을 익히며 체제에 순응하는 태도이다. 이러한 학생이 총알과 고속도로를 닮은 우리 교육에서 좋은 성과를 낼 수 있다. 교과 학습 외에 여기저기 관심이 많고 배운 것에 의문을 품고 자기식의 엉뚱한(?) 사고를 펼치거나 기존 체제와 권위에 비판적이고 저항적인 유형의 학생은 현재의 질서에서는 좋은 성과를 내고 좋은 평가를 받기 어렵다. 사실 그런 학생을 만나기도 어려운 것이 현실이다.

이러한 교육풍토에서는 사전에 합리적인 계획을 세우고 그 계획을 차질 없이 수행하는 것이 가장 효율적인 교육 방식으로 인식된다. 학교 운영도 수업 운영도 마찬가지이다. 모든 것은 가급적 예측이 가능하여야 하고 예측에서 벗어나는 과정이나 결과는 비정상으로 간주한다. 정상에서 벗어날수록 효율성과 합리성은 떨어지는 것이다. 이러한 합리적 관리가 이루어지는 과정에서 문제를 일으키는 학생은 '학교 부적응'으로 간주하게 된다. 수업 참여가 불성실하거나 규정과 질서를 위반하여 일탈 행동을 하거나 학교나 교사의 권위에 도전하거나 하는 등의 문제를 일으켜 교육 운영의 효율성을 떨어뜨리고 학생 자기 삶의 효율성도 떨어진다고 판정되는 것이다.

탈레브는[19] 저서 《안티프래질》에서 합리성이라는 명분 아래 안전과 질서, 능률과 예측 가능성을 중시하는 사회체제는 오히려 복잡하고 다양하며 변화무쌍하고 불안정한 현실 세계에서 취약성(fragility)을 드러낸다고 주장하며, 이와 같은 취약한 체제 속에서 이루어지는 교육을 받은 학생들은 현실 세계 속에서 생존에 어려움을 겪는 나약한 존재가 될 수 있다고 설파하고 있다. 이러한 교육의 특징 중의 하나는 시행착오를 문제로 보는 것이다. 계획된 대로 진행되어야 하는 교육에서 실수는 금기시된다. 학부모들은 아이의 실수를 막기 위해 아이가 직접 겪을지도 모르는 불확실성을 사전에 차단하려 한다. 소위 '헬리콥터 맘', '내비게이션 맘'의 행태가 그것이다. 이는 여행을 갈 때 미리 모든 일정을 완벽하게 -패키지 관광같이- 계획하고 출발하는 것과 같다. 탈레브는 이를 '관광지화(touristification)'라고 부른다. 이 경우 여행자는 사전에 계획된 것 외에는 새로운 경험을 할 가능성이 아예 사라진다.

학생들은 시행착오를 통해 새로운 것을 경험하고 그 과정에서 스스로 깨달음을 얻으면서 성장할 기회를 얻어야 한다. 시련을 통한 자극은 사람을 성장시킨다는 것이 탈레브의 생각이다. 이런 기회가 사라진 안전 위주의 통제적 교육은 아이들이 현실 세계에 놓였을 때 제대로 도움을 줄 수 없다는 것이 분명하다. 불확실하고 혼란스러운 상황에 대한 면역이 없는 아이들은 현실 세계에서는 취약할 수밖에 없다.

탈레브는 "나는 학교라는 곳이 고작 몇몇 저자들의 생각 속에 사람들을 가두어 버림으로써 그들의 학식을 오히려 고갈시키려고 고안된 장치인 것을 깨달았다"라고 이야기한다. 학생들 스스로의 자율성과 주체성은 허용되지 않고 정해진 프로그램에 갇히게 되면서 공부는 자유와 함께 생명력을 잃게 됨을

---

19   Taleb, N. (2012).《Antifragile》.

지적하고 있다. 이와 같은 교육을 받은 아이들이 예측 불가능하고 합리적이지 않은 현실 세계에 놓이면 소위 '멘붕'에 빠지고 그들이 받은 교육이 소용이 없다는 것을 깨닫는 데 그리 오랜 시간이 걸리지 않을 것이라고 한다.

이 문제가 창의성 교육과도 밀접한 관계를 지님을 독자들께서는 이미 느끼셨을 것으로 생각한다. 창의성에 관한 전문가들은 주로 창의적 아이디어는 생각의 여유가 주어진 시간에 머릿속에 들어 있던 기존의 아이디어들이 서로 연결되면서 갑작스럽게 떠오르는 경우가 많다고 한다. 물론 이러한 인지 작용은 우리가 의도적으로 조작 통제할 수 있는 영역이 아닌 것이 분명하다. 이렇게 볼 때 창의적인 생각은 총알보다는 나비의 질서 속에서, 고속도로보다는 오솔길에서 더 활발하게 나타날 가능성이 높다고 보아야 한다. 자유롭고 여유 있는 시간과 공간 속에서 다양한 생각들이 교차하고 조우할 때 창의성이 발현된다고 보아야 한다. 획일적으로 정해진 틀 속에서 자유를 빼앗긴 채 주어진 과업을 시간에 쫓기며 마쳐야 하는 피동적인 '정신노동자'에게 창의성을 기대하는 것은 아무래도 무리라는 생각이 든다.

이 문제는 또한 학습 과정(process)의 중요성과도 관련된다. 수학 문제를 푸는데 답이 틀려도 풀이 과정이 타당한 경우 그만큼의 부분 점수를 주는 것은 과정을 존중하는 교육 방식의 한 예라 할 수 있다. 그러나 대입 수능시험을 비롯하여 대부분 시험은 과정에 대한 평가가 생략되어 있다. 앞 절 교육의 인식 체계에 대한 논의에서도 학습에서는 그 과정이 중요함을 강조하였는바, 나비와 오솔길의 질서에서 중요한 것은 곧 학습자가 체험하는 학습 과정의 소중함이며, 그 과정에서 학습자의 능동성과 주체성이 살아 있고 시행착오의 기회가 허용되며, 의외성·우연성이 사전에 차단되지 않는 자연스러운 경험이 이루어질 수 있는 그런 '과정'의 가치가 중시되어야 한다는 것이다. 과정보다 결과가 중요하고 결과가 과정을 합리화한다는 인식이 통용되는 교육에서는, 이러한 '과정'의 소중함이 경시되고 그만큼 교육의 내재적, 본질적 가치가 훼손될 가능성이 높다고 보아야 한다.

나. 정답 찾기 vs 문제 제기 / 실행 프레임 vs 개념설계 프레임

이인효(1990)는 우리나라의 일반계 고등학교에서 가장 높은 평가를 받는 수업이 설명을 듣고 나면 모든 것이 분명하게 이해되고 정리되어 질문이 사라지는 수업이라고 지적한 바 있다.[20] 시험 성적을 올리는 것이 지상 과제인 상황에서 이러한 수업은 가장 효과적으로 학생을 돕는 수업일 것이다. 이러한 학습에서 학생에게 요구되는 능력은 무엇보다도 이해력이며, 교사에게 요구되는 능력은 교과 지식에 대한 전문성과 효율적인 재구성 및 전달 능력이 될 것이다.

이러한 학습 상황에서 학생은 기존 지식과 교사의 권위를 믿고 따라야 하며 학습경험의 주도권은 교사에게 있게 된다. 학생은 학습의 전반적 과정에서 수동적으로 될 수밖에 없으며 자기 자신만의 독자적, 비판적 사고와 성찰은 미덕이 되지 못한다. 이미 정해진 정답을 찾는 것이 학생의 과제이며, 정답 또는 정답에 이르는 과정에 대한 의문을 제기하거나 다른 대안적 해법으로 도전하는 것은 환영받지 못한다.

프레이리(1970)는 학습자가 학습 내용을 맹목적, 수동적, 일방적으로 받아들이고 저장하는 교육을 은행예금식(banking) 교육이라 부르고, 그 반대로 학습자가 자신이 놓인 현실에 대한 주체적 인식을 바탕으로 학습의 과정 속에서 비판적으로 성찰하고 문제를 제기할 수 있도록 장려하는 교육을 문제

---

20   이인효 (1990). 인문계고등학교 교직 문화 연구.

제기(problem-posing) 교육이라 불렀다.[21] 앞서 묘사한 시험 성적 위주의 우리 교육이 보이는 모습은 프레이리의 은행예금식 교육에 가깝다고 할 수 있을 것이다.

이정동 교수는 저서《축적의 길》에서 선진국과 중진국의 차이를 개념설계 프레임과 실행 프레임의 차이로 설명하고 있다.[22] 전자는 창의적인 사고로 남이 하지 않은 새로운 장르를 개척할 수 있는 능력을 말하며, 이는 기본적으로 원리적 지식(know why)에 바탕을 두고 있는 반면, 후자는 이미 닦여 있는 길에서 정해진 틀에 맞추어 신속하고 능률적으로 과업을 수행할 수 있는 능력을 말하며, 무엇보다 방법적 지식(know how)이 중요하다고 설명한다. 선진국 문턱에 있는 우리나라는 아직 실행 프레임에서 빠져나오지 못하고 있으며, 이 프레임에서는 최상위의 능력을 보여 왔지만, 명실상부한 선진국으로 진입하기 위해서는 개념설계 프레임으로 질적 도약을 이루지 않으면 안 된다고 주장한다.

우리 사회와 교육 자체가 실행 프레임에 갇혀 있다고 말할 수 있는데, 우리의 모습은 정답을 찾는 데 주력하며, 빠른 단기적, 가시적 성과를 요구하는 체제 속에서 실패할 여유를 지니지 못한다. 이로 인해 실수를 피하기 위한 안전주의가 팽배해 있다. 정답이 필요한 상황에서는 남에게 정답을 묻거나 남의 답을 보고 베끼는 것이 효율적일 수 있다. 당연한 귀결로 시간이 걸리더라도 스스로 부딪히며 어렵게 답을 찾아가는 노력은 환영받지 못하므로 점차 미약해진다. 이 교수에 의하면, 산업계에서 시행착오는 스케일 업(scale up)으로 가는 당연한 과정이며 시행착오를 기피하면 혁신은 일어나지 않는다. 중장기

---

21 Freire, P. (1970).《The pedagogy of the oppressed》.

22 이정동 (2017).《축적의 길》.

적 소규모 스케일 업(small betting scale up)이 활성화되고 그 경험이 기록, 축적, 공유되어야 혁신의 토양, 생태계가 생성된다는 것이다.[23]

마찬가지로 학습을 통한 성장이 이루어지려면 학습자 스스로 부딪히고 생각하고 경험하고 느끼면서 성찰해 나가는 시행착오의 과정이 필요하다. 남이 정해서 가르쳐주는 정답을 무비판적으로 빠르고 안전하게 효율적으로 받아들이는 길에 머무른다면, 우리 교육은 기존의 실행 프레임을 강화하는 데에는 기여할지 모르나, 창의적, 주체적, 능동적으로 학습경험의 과정을 만들어가는 교육으로의 발전은 일어나기 어려울 것이며, 선진국이 되기 위한 개념 설계 프레임으로의 도약은 요원하게 될 것이다.

다. 자료(text) vs 맥락(context)

허병기 교수는 '삶의 양식으로서의 교과'와 '자료로서의 교과'를 비교하면서,[24] 우리 교육은 지도를 매체로 하여 대자연의 오묘함, 경이로움, 광활함을 만나야 하는 교육이 되어야 함에도 실제 교육의 모습은 각종 부호의 조합에 불과한 '지도'라는 자료를 달달 외우는 교육에 머무르고 있다고 비유적으로 지적하고 있다. 즉, 자료에 갇힌 교과에 대한 비판이다. 이는 로저스와 프라

---

23 이정동 교수에 의하면, 스케일 업은 희미한 아이디어에서 출발해 이를 현실에서 작동 가능하도록 키워내고 사업화·제품화하는 과정이다. 이는 오랜 시간 수많은 시행착오를 거치며 경험을 축적하는 것이다. 그러려면 모든 과정을 기록으로 남겨야 한다. 스케일 업은 프로세스다. 작은 규모로 조금씩 다르게 계속 시도하는 것이다(small betting scale up). 이는 영점(零點) 사격과 비슷하다. 선택과 집중으로 단번에 목표를 맞히는 게 아니라 한 발 쏘고 조정하고 다시 쏘는 식으로 고정돼 있지 않고 계속 움직이는 목표에 접근해 가야 한다. 이런 과정을 겪으면 똑같은 일을 반복할 때와는 차원이 다른 고수가 될 수 있다. (weeklybiz.chosun.com) 2017.7.22.

24 허병기 (2003). 교육조직의 리더십.

이버그가 말하는 '무의미한 음절 학습'과 '경험적 학습'의 비교와 유사하다.[25] 전자는 책에 실린 내용을 그 맥락 속에서의 의미를 이해하지 못한 채 무조건 암기를 통하여 머릿속에 집어넣는 학습이다. 소위 맹목적 주입식 교육의 모습이다. 역사적 사실의 맥락적 이해를 뒤로한 채 인물의 이름과 사건 발생 연도 같은 것만을 외우는 역사 공부가 대표적일 것이다. 반면에, 경험적 학습은 학습자가 자기 생각과 느낌을 통해 학습경험의 의미와 중요성을 이해하게 되는 학습을 말한다. 학습자는 학습경험을 통해 자신만의 좁은 인식 세계에서 벗어나 또 다른 세상으로 나아가는 경험을 하게 되며, 자신의 이전 경험을 바탕으로 새로운 학습 내용이 자리하고 있는 맥락을 이해하고 그 속에서 의미를 부여할 수 있게 된다.

우리가 어떤 사실을 학습할 때 그것이 다른 관련된 내용과 어떤 연관성을 지니고 있는가, 즉 그 맥락(context)을 파악할 때 비로소 새로운 사실의 내용과 의미에 대한 이해가 용이해진다. 또 그러한 이해가 바탕이 되어야 학습 내용도 기억에 오래 남게 된다. 더구나 그것을 내가 다른 학습에 적용하거나 다른 상황에서 응용해 볼 수 있다면 더 확실하게 나의 지식으로 만들 수 있을 것이다. 많은 사람이 지적하듯이 우리 학교에서 이루어지는 학습의 상당 부분은 이러한 맥락적 이해와 동떨어져 있다. 맥락을 이해할 수 있는 방향으로 학습경험이 충분히 준비되어 있지 못하거나 아예 그런 방향으로 노력조차 없는 경우도 있을 것이다.

듀이(1916)는[26] 교과 내용이 학습자에게 유의미하기 위해서는 학습자의 실제 생활 경험과 관련성을 찾아 의미 있게 받아들여질 수 있는 형태로 교과

---

25 Rogers & Freiberg (1994).《Freedom to learn》.

26 Dewey, J. (1916).《민주주의와 교육》.

가 준비되어야 한다고 하였다.[27] "어떤 교과의 어떤 부분을 가르치든 간에, 거기에는 교과 내용과 일상생활의 보다 넓고, 보다 직접적인 경험 사이의 관련성을 확립할 가능성이 언제나 있다." 사고의 기회가 결여된 교과 학습은 기계적 암기나 수동적 지식 쌓기 등으로 폐해를 낳게 된다. 내가 행한(trying) 일 그리고 그 결과가 나에게 어떤 결과를 가져오는가를 체험하는(undergoing) 것. 경험이 어떤 의미를 지니려면 거기에 원인과 결과의 관련성을 파악하고자 하는 지적 작용이 이루어져야 하는데 그것이 곧 '사고(thinking)'라고 듀이는 말한다. 즉 의미 있는 경험이란 사고와 불가분한 관계에 있다.

요컨대 학습경험이 학습자에게 유의미하려면 그 내용이 관련짓고 있는 맥락을 이해하여야 하는데, 그 맥락의 이해는 학습자의 인식 체계에 바탕을 둘 수밖에 없으며, 그 인식 체계는 학습자의 삶이 이루어지는 현실 세계를 바탕으로 구성되어 있다. 그 학습 내용과 현실 간의 연관성이 높을수록 새로운 내용에 대한 이해는 쉬워질 것이다. 열대지방에 사는 아이들에게 눈(snow)에 대해 가르치는 일이 어려운 것은 한 예라고 할 수 있을 것이다. 필자의 경우 미국 박사과정 유학 중에 가장 부담스러웠던 과목이 미국 교육사(History of American education)였는데, 아마도 미국 사회에서의 생활 경험과 미국 역사에 대한 이해가 미국 학생들에 비해 부족한 상태이다 보니 어려움을 겪었다고 생각된다.

라. 집단주의 · 평균주의 · 획일주의 vs 개개인성

1974년 도입된 고교평준화 정책은 학교 간의 심한 교육격차를 완화하여

---

27 Dewey, J. (1916). 《민주주의와 교육》.

교육 기회의 균등을 실현하기 위한 목적으로 채택되었다. 1~4류로 서열화된 고등학교들의 학력 수준 격차와 과열된 고입 경쟁을 완화하기 위하여, 학교 간의 교육여건 격차를 줄이는 방안으로 학교별 입시를 폐지하고 학군 내 추첨으로 학교를 배정하는 제도를 도입하였다. 추첨으로 학교를 배정하기 위해서 어느 학교에 배정받아도 큰 불만이 없도록 교육여건의 격차를 줄였으며, 학생들의 임의적 할당이 이루어져 적어도 동일 학군 내 학교 간에는 학력 격차가 크게 완화되었다. 이러한 정책 결정은 학교라는 단위를 기준으로 하여 판단이 이루어진 것이다. 그 결과 학교 간 학력과 교육여건의 격차는 줄어들었지만, 단일 학교 내 학생 간의 학력 차이가 크게 확대되는 문제를 안게 되었으며, 개개인 학생의 능력에 맞는 학습 조건을 제공하는 것이 사실상 힘들게 되었다. 집단주의적 결정이 학생 개인의 학습 기회를 제약하는 다른 문제를 발생시킨 셈이다. 이는 평준화 정책이 초래한 가장 핵심적인 문제이며 아직도 근본적으로 해결되지 못하고 있다.

이처럼 집단주의적 사고가 작용하면 집단을 기준으로 삼기 때문에 구성원 개개인의 문제는 무시되거나 우선순위에서 밀리는 결과를 빚을 수 있다. 집단을 비교할 때는 주로 집단이 지니는 평균값을 활용하는 경향이 있다. 지역 간, 학교 간, 학급 간 교육 성과를 비교할 때 보통 학생들의 평균 성적을 비교한다. 평균은 집단 중심 접근을 가능케 하는 도구가 되며 실제로 수많은 교육적 판단의 준거로 활용되고 있다.

그렇다면 왜 평균을 사용하는가? 한 집단의 성질 분포를 비교적 잘 나타내는 방식이 평균과 표준편차 방식이라고 인식하기 때문일 것이다. 문제는 교육의 경우에는 주체가 학습자 개개인이 되기 때문에 학습자 한 명 한 명의 특성과 요구에 맞추어 교육 기회가 주어져야 하지만 실제의 모습은 이와 거리가 멀다는 점이다. 집단의 평균값을 근거로 하여 교육적 판단을 내리고 그러한 교육 운영을 지속하면 어떤 문제가 생기는가? 그 결과는 교육 본연의 취지와는 달리 어떤 누구에게도 맞지 않는 교육이 되어 버릴 가능성이 높아질 것이다.

한 집단의 내적 다양성(within variation)을 무시하고 평균값을 구하여 그 값이 집단을 대변한다고 간주하고 평균의 집단 간 차이(between variation)를 파악하는 경우 이는 허수(虛數)에 불과할 수 있다. 예컨대 평균적 인간(나이, 소득, 재산, 용모 등의 평균)은 실제의 인간은 아닐 수 있다. 평균적 인간을 기준으로 정책을 수립하면 그 값에 맞지 않는 실제 대상들은 모두 부적합 문제를 안게 될 것이다. 교육과정의 수준을 평균에 맞추면 그 수준에서 벗어난 많은 학습자는 자신에게 맞지 않는 학습경험을 갖게 될 것이다. 평균 체격에 맞추어 단일 규격의 책걸상을 공급하면 다양한 체격의 학생들은 자기 몸에 맞지 않는 책걸상을 사용할 수밖에 없다. 이와 비슷한 문제점이 교육 장면의 곳곳에서 발생하고 있다. 곧 평균 중심의 사고가 초래하는 문제이다. 동일함은 언뜻 평등의 요소가 될 것으로 보이지만, 적어도 개인 차원의 학습이 진행되어야 하는 교육에서는 오히려 평등을 해치는 결과를 가져올 수 있다. 로즈는 저서《평균의 종말》에서 동일한 것의 제공이 아니라 '동등한 맞춤'이 이루어져야 한다고 지적한다.[28] 표준화된 '동일한' 경험의 획일적 제공이 아니라 학습자가 자신의 필요에 맞는 학습경험을 '동등하게' 제공받는 것이 교육 평등의 조건이 되는 것이다.

평균 중심 접근의 문제는 교육평가에서도 발생한다. 미국의 No Child Left Behind 정책에서 학교의 성과를 대상 학생집단의 학업성취도 평균값 상승 목표치를 기준으로 접근한 바 있다. 그러나 학교의 평균값이 올라도 학생 개

---

28 Rose, T. (2017).《평균의 종말》.

개인의 성적 변화는 각양각색일 수 있다. 한 학교 학생의 60%가 성적이 상승하고 40%는 하락한 경우 전체적으로는 상승한 것으로 평가될 수도 있다. 평균 중심의 평가 기준으로는 성과가 향상된 성공 사례로 볼지 몰라도 그 내부에 여러 문제가 그대로 잔존할 수 있고, 오히려 평균값을 올리기 위한 무리가 따르고 부작용이 발생할 수 있다. 중도 탈락자(dropout)가 오히려 이전보다 증가하고 운동선수 등 성적이 낮은 학생들을 제외하고 평가를 하는 등의 문제가 실제로 발생한 적도 있다고 한다.

로즈는 평균주의의 또 다른 중요한 문제를 제기하는데 그것은 평균으로 접근해서는 안 되는 문제에 평균을 적용하여 발생하는 오류이다.[29] 예컨대 집단의 평균을 근거로 개인 또는 개별 사례의 행동(결과)을 예측하거나 평가하는 것이다. 대표적인 오류 사례는, 동일 자극에 대한 여러 사람의 뇌신경 반응을 측정하여 평균값을 바탕으로 뇌지도 모델을 작성하고, 이를 정상적인 뇌의 표준으로 삼아 이와 차이가 나는 개인의 뇌 작용을 비정상으로 진단한 사례이다. 문제는 측정에 참여한 사람 중에 이 평균적 뇌지도와 같은 뇌를 가진 사람이 하나도 없었고 서로 모두 다르다는 것이었다. 즉, 이 뇌지도는 실제로는 존재하지 않는 인위적 산출물로서 이를 정상적 표준으로 보아야 할 아무런 근거가 없다는 것이었다. 결국 근거가 미약한 기준으로 인해 정상적인 사람들이 비정상으로 평가되는 오류가 발생할 수 있다는 것을 시사한다. 이러한 방식의 접근 사례는 자연현상과 사회현상 연구에 무수히 존재하며 오히려 상당 부분 관례화, 상식화되어 있다고 해도 과언이 아니다.

필자가 이 책의 초고를 마치고 교정을 보는 동안에 평균주의와 관련된 뉴스를 접했다. 코로나19 사태로 인해 영업 손실을 본 자영업자들에게 정부가

---

29 이를 에르고딕 스위치(Ergodic switch)라 부른다.

보상지원을 함에 있어 손실률이 높은 업종을 중심으로 지원 대상을 선정하게 되었다. 그 결과 평균 손실률이 높다는 이유로 빵집은 지원 대상이 되고 떡집은 대상에서 제외되었다는 것이다. 과연 이 결정은 타당한 것인가? 떡집 중에도 손실률이 높은 가게들이 있을 것이며, 빵집 중에도 손실률이 상대적으로 낮은 가게들이 있을 것이다. 손실에 대한 보상 여부 판단이 자기의 책임이 아닌 업종 평균 손실률이라는 임의적 기준에 의해 이루어질 때 지원 대상에서 제외된 떡집들은 이를 정당한 결정으로 받아들일 수 있을까? 영업 손실 보상 지원에 왜 업종이라는 집단 개념이 개입되고 왜 평균값이 또 판단 기준이 되는가? 업종 차별 없이 개별적인 사업자의 영업 손실을 기준으로 지원하면 안 되는 이유가 있는가?

요컨대, 평균주의는 집단주의적 사고에서 비롯되며, 이 속에서 개인 또는 개체의 다양성, 특수성, 독자성, 주체성 등은 매몰되어 버리기 쉽다. 이와 같은 사고에 의해 지배되는 교육 상황에서는 학습자 개개인이 학습의 주체가 되어 자신의 필요에 맞는 유의미한 학습경험을 가져야 한다는 교육의 기본조건이 실현되기 어렵게 된다. 또한, 자칫 획일화와 차별로 인한 공정성의 문제를 일으키기 쉽다.

3. 학교조직

가. 관리모드

19세기의 교실에서 20세기의 교사가 21세기의 학생을 가르친다는 학교 비판은 흔히 들을 수 있다. 오늘날 우리 학교의 교실은 물론 19세기의 교실과는 무척 다를 것이다. 지난 수십 년간 우리 학교의 환경은 많이 변화되어 온 것이 사실이다. 학급당 학생 수도 크게 줄어들었으며, ICT를 활용한 교단의 선진화도 빠르게 진척되는 등 19세기의 교실과는 비교조차 할 수 없을 것이다. 그럼에도 불구하고 이 진부한 비판에는 아직도 유효한 중요한 메시지가 담겨 있다고 본다. 기본적인 학교 운영 체제를 보면 100년 전과 크게 다르지 않을 것이다. 학생들을 나이에 따라 획일적으로 학년으로 나누고 규격화된 학급과 교실로 구분하여 모든 학급과 모든 개인에게 동일한 교육과정과 표준화된 절차를 부과하는 획일성과 경직성은 근본적으로 바뀌지 않았다고 보아야 한다. 이러한 학교 운영의 기본 모델은 프레데릭 테일러의 과학적 관리론, 즉 시간과 공간의 체계적 관리를 통해 생산라인의 기계적 능률을 극대화하는 합리적 접근이다. 이를 보통 산업 모델(industrial model) 또는 공장 모델(factory model)이라고도 부른다.

전통적으로 학교조직의 운영에 영향을 미친 또 하나의 접근은 관료제적(bureaucratic) 접근이다. 막스 베버가 이론적으로 제시한 관료제의 핵심 키워드는 비개인성(impersonality)이다. 즉, 관료제 조직의 가장 핵심적인 원리는 개인적(personal), 사적인(private) 요소의 배제이다. 이는 조직 운영에 있어서 개인적, 사적인 영향을 최소화하여 누가 그 일을 수행하더라도 일관되고 안정적이며 예측이 가능한 결과가 나오기를 기대하는 것이다. 그래야만 합리적, 효율적인 조직 운영이 가능하고 수직적, 수평적 분업 및 표준화를 통해 과업 수행의 전문성도 높일 수 있다고 보는 것이다.

관료제는 또한 조직 운영의 권위가 법과 제도로부터 비롯되는데, 이는 개인적 카리스마에 의하거나 세습으로 물려받은 전통적 권위와는 구분되는 것이다. 즉, 조직 내의 한 사람의 권한과 책임은 법적, 제도적으로 부과되는 것이며 이는 그 개인이 누구냐에 따라 달라지는 것이 아니다. 이와 같은 관료제의 공식성과 객관성은 가장 합리적이고 효율적으로 조직의 과업을 수행할 수 있는 기본조건이 된다고 보는 것이다.

과학적 관리론과 관료제는 지난 100년 동안 사회체제를 이끌어 온 지배적 패러다임으로 작용해 왔다. 그 키워드는 능률, 질서, 안정, 규칙성, 과학, 논리성, 표준화, 체계성, 예측 가능성 등이라고 할 수 있다. 한편 이러한 사고를 뒷받침해 온 더 큰 패러다임은 실증주의(positivism)라고 할 수 있다. 이는 앞에서 살펴보았듯이 합리적-구조적 패러다임과 궤를 같이한다. 이 세계의 운행에 대한 합리적 가정을 전제로 인간의 지식과 기술의 힘으로 그 운행에 영향을 미칠 수 있다는 믿음이 곧 합리적-구조적 사고라고 할 수 있다.

필자는 이와 같은 사고를 '관리모드'라고 부른다. 이러한 사고는 실증주의 패러다임에 기초하여 발전해 온 현대 과학과 기술, 그리고 그에 힘입어 발전한 산업의 영역에서는 당연한 상식으로 통할지 모른다. 하지만 복잡한 심리를 지닌 인간의 생각, 태도, 행동, 신념의 변화를 목표로 하는 교육의 영역에서는 그 적용이 별로 효과적이지 않다는 것이 드러나고 있다. 인간 행동을 과학적으로 분석하고 찾아낸 법칙에 따라 외적인 조건으로 통제하려고 하는 행동주의적 접근은 오늘날 심한 비판에 부딪히고 있는데, 이는 인간을 외부적 자극에 반응하는 개체로 보는 반면에 인간의 내부에서 일어나는 인지적, 심리적, 정신적 작용에 대해서는 너무 소홀하다는 것이다. 이와 같은 인간에 대한 실증주의, 행동주의적 접근에 대응하여 인지주의, 구성주의, 해석론적 접근이 힘을 얻고 있는 것이 오늘날의 추세라고 할 수 있다.

여하튼 필자가 관리모드라 부르는 합리적-구조적 패러다임은 인간을 대상으로 하는 교육의 영역에서는 과학, 기술, 산업 등의 영역에 비해 설명력과 문제해결력이 크게 제한되는 것이 사실이다. 인간을 합리적인 존재로 단순 가정하고 과학적, 공학적, 기계적, 계량적으로 접근하다 보면 정작 인간의 사고, 태도, 행동, 신념을 좌우하는 '의미'를 놓치게 된다. 관리모드는 조직에서 정형적인 과업을 정해진 규정대로 수행하고 현상을 유지하는 관리적인 차원에서는 효과를 발휘할 수 있으나, 새로운 도전을 맞이하여 문제를 공감하고 의식을 공유하며 창조적으로 문제를 해결하여 새로운 의미 있는 변화를 일구기 위해 사람들의 참여, 협동, 열정, 몰입, 헌신이 요구되는 상황에서는 제대로 힘을 발휘하기가 어렵다. 우리 학교들은 그동안 수많은 교육 변화의 파고를 넘어왔고 앞으로도 크고 작은 변화의 요구가 계속될 것이 분명하다. 문제는 과연 학교의 모습이 이러한 변화 요구를 받아들이고 실제로 진정한 변화를 창출할 수 있는 '변화모드'를 채택하고 있는가 하는 것이다.

나. 형식주의

서울에서 1986년 아시안게임과 1988년 올림픽이 열리게 되었을 때 한국 사회는 전 세계에 한국의 모습이 어떻게 비칠까에 큰 관심을 가지게 되면서, 식당의 위생이나 공공기관의 친절도 및 그 밖에 외국인의 눈에 부정적으로 보일 수 있는 여러 가지 사회적 풍속 등을 쇄신함으로써 한국의 이미지를 높이고자 하는 캠페인이 활발하게 이루어진 적이 있었다. 그때 지적된 문제 중의 하나가 우리 사회의 '적당주의'였던 것으로 기억한다. 이는 지켜야 할 원칙을 제대로 지키지 않고 적당한 선에서 타협하는 행태를 말한다. 그 이유는 원칙을 지키는 것이 어렵거나 비용이 많이 들거나 불편하기 때문일 것이다. 즉, 적당히 얼버무리며 쉽게 넘어가고자 하는 행태를 적당주의라고 불렀다. 필자는 오늘날에도 우리 사회에 형식주의 문화가 상당히 뿌리 깊고 폭넓게 자리 잡고 있다고 생각하며 적당주의는 형식주의 문화의 한 단면이라고 본다. 우리 교육행정과 학교 운영에도 형식주의 현상이 매우 짙게 드러나고 있으며, 이는 교육의 영역에서는 유달리 그 폐해가 크다고 생각한다.

필자가 여기서 사용하는 형식주의란 용어는 주로 행정학 등에서 사용되는 개념으로서 관료제의 병폐, 즉 관료주의라고 부르는 현상의 중요한 특징으로 거론된다. 필자는 형식주의를 '집단의 구성원이 공유하는 행동양식으로서 사물의 본성보다 외양, 목적보다 수단, 내용보다 형식을 상대적으로 중시하는 문화적 행위'로 정의하고 그 나타나는 행동적 특징을 가장(假裝, simulation), 타협, 소극적 실천 등으로 본다.[30] 이와 같은 행동들이 문화적 행위라는 것은 개인의 우발적이거나 즉흥적인 반응이 아니라 집단구성원이 공유하고 있는 학습된 행동양식으로서 일정한 조건에서는 항상 규칙적으로 나타나는 유형화된(patterned) 행동 반응이라는 것이다. 그것이 윤리적, 도덕적으로 옳고 그름을 떠나서 어떤 상황 조건에서는 사람들이 일정하게 규칙적이고 예측이 가능한 행동을 하게 되는 그러한 현상을 의미한다. 이는 그러한 행동이 그들이 당면한 문제 상황을 해결해 주는 효과적인 해법(solution)으로 작용하기 때문이라고 해석할 수 있다.

우리 학교조직에 관한 여러 연구가 학교 운영 전반에 형식주의적인 현상들이 나타나고 있음을 지적해 왔다. 교육계획 운영, 장학지도, 연구시범학교 운영, 교원 평가, 학교 평가, 각종 정책 사업 수행 등 곳곳에서 가장, 타협, 소극적 실천 등의 모습이 나타나고 있음이 지적되었다. 이는 일부 학교에서만 나타나는 것이 아니라 대부분 학교에서 관찰되는 보편적인 현상이며, 상당히 오래전부터 존재해 온 뿌리 깊은 만성적 현상이라는 점에서 절대로 무시할 수 없는 중차대한 이슈임이 분명하다.

그렇다면 형식주의적 행태가 나타나는 이유는 무엇인가? 앞에서 형식주의적 행동은 어떠한 문제 상황에서 이를 해결해 주는 해법으로 기능한다고 하

30　김인희 (2007). 학교의 형식주의와 학교혁신의 관계.

였다. 그렇다면 형식주의적 행동 반응을 불러내는 상황적 조건이 있을 것이라고 짐작할 수 있을 것이다. 필자는 다음과 같은 사항들이 학교 구성원들에게 형식주의적 반응을 나타내게 하는 외부적 조건이라고 생각한다.

- 외부로부터 주어진 과제가 기존 업무의 내용·방식과 연계성, 일관성, 연속성이 결여됨.
- 과업 수행을 위한 여건, 자원, 능력이 충분히 갖추어지지 않음.
- 조급하게 과제가 추진되고 성급하게 결과를 요구함.
- 외양 및 가시적 측면에 대한 피상적 평가 및 외재적 보상이 중시됨.

이와 같은 상황에서는 학교 구성원의 관점에서 볼 때, 과업 달성을 위한 조건이 충족되지 않은 상태에서 어쩔 수 없이 과업을 수행해야 하고 이른 시일 내에 가시적 결과를 내놓아야 할 뿐만 아니라, 그동안 자신들이 해 온 일과 연관성이 약하거나 오히려 상충되기도 하여 새로운 과제에 대한 의미를 부여하기 힘들게 된다. 내재적 동기가 생기기 어려우므로 타율적, 수동적인 과업 수행이 될 수밖에 없으며, 결국 일의 본질보다는 외양·형식·수단에 치중하는 방식을 택하게 된다. 이때 나타나는 행동 반응들은 실제는 그렇지 않으면서 겉으로는 '○○하는 척하는' 가장(simulation)행위를 하거나, 현실적인 조건의 제약으로 요구되는 수준을 맞출 수 없으므로 적당한 선에서 타협하거나, 자신의 책임을 면하는 데 필요한 최소한의 수준으로만 과업을 수행하는 소극적 실천을 하게 되는 것이다. 이것이 곧 형식주의적 행동이 나타나는 실상이다. 이러한 현상은 어느 특정 개인이나 집단의 성향 차원의 문제가 아니라 어떤 조직, 어떤 개인에게도 나타날 수 있는 일반적인 현상이다. 문제는 그러한 현상을 야기하는 외적 조건 그 자체에 있다고 할 수 있다.

앞에 제시한 네 가지의 외적 조건은 우리 학교가 본래 지닌 고유의 모습이 아니라 학교를 대하는 교육행정, 더 나아가 우리 사회가 학교를 대하는 방식에서 비롯된다고 보아야 한다. 우리가 이러한 방식을 바꾸지 않는 한 학교는 형식주의에서 벗어날 수가 없을 것이다. 형식주의에 빠진 학교는 결과적으로 ① 과업의 미완성, 왜곡된 변화, 조직 생산성 저하, ② 부정적 정서의 형성 및 확산, ③ 형식주의 문화로 인한 조직 정체라는 문제를 겪을 수밖에 없다.[31]

첫째, 자신들이 진정으로 원해서 자발적으로 과업을 수행하는 것이 아니라 소극적, 수동적으로 일에 임하므로 자신들의 역량을 제대로 발휘하기 어렵다. 변화를 위한 새로운 실천을 위해서는 새로운 역량이 요구되며 이는 새로운 학습을 요구한다. 내재적 동기가 작동하지 않는 상태에서는 충분하고 효과적인 학습이 이루어지기 어렵다. 결국 과업의 도달 수준은 미흡할 수밖에 없으며, 학습이 부족하므로 변화가 이루어진다 해도 불완전하거나 왜곡된 변화가 이루어지기 쉽다. 과업 수행의 성과를 볼 때 결과적으로 조직의 생산성이 높아지기는 어렵다.

둘째, 형식주의적으로 과업을 수행하는 것도 그 자체로 상당한 에너지와 시간, 자원을 요구한다. 학교 구성원들은 과업을 수행하면서도 내재적 동기와 본질적 가치로부터 괴리된 상태에서 성취감과 효능감을 맛보기 어렵다. 원하지 않는 일을 하는 것이므로 긍정적인 에너지가 생성될 수 없으며, 오히려 부정적인 정서가 형성되고 조직 전체에 이러한 분위기가 확산된다.

셋째, 이러한 형식주의 행태가 문화적 수준으로 정착되면, 학교 구성원들은 이러한 방식의 과업 수행이 익숙해지고 거의 무의식적, 자동적 수준에서 이루어지게 된다. 그러한 반응을 요구하는 외적 조건이 지속되는 한 이러한

---

31 김인희 (2007). 학교의 형식주의와 학교혁신의 관계.

행동 방식은 일상적인 조직문화로 자리 잡게 된다. 이제는 새로이 진입한 구성원들도 이러한 문화적 행위를 습득하여 활용하게 된다. 결국 본질에서 벗어난 비정상의 문화가 오히려 정상이고 당연한 것이 되어 학교조직을 지배한다. 이러한 학교는 정체될 수밖에 없으며 궁극적으로는 진정한 교육의 기능을 상실할지도 모른다.

다. 소외생산 문화

조직문화의 관점에서 학교는 두 가지 특성이 있다. 첫째는 아동 또는 청소년이라 불리는 미성년 학생집단의 존재이다. 학생집단은 그 또래의 집단이 지니는 나름의 문화를 지닌다. 한편, 학교는 앞에서 보았듯이 국민의 학습권 보장을 위해 국가의 교육 서비스를 제공하여야 하는 공공기관으로서 행정적인 틀에 의한 기관 운영이 이루어진다. 학교가 주로 채택하고 있는 '관리모드'에 의한 운영 방식은 내부고객인 학생집단의 문화와 근본적으로 다를 수밖에 없다. 우선, 나름의 개성과 다양한 배경을 가진 학생 개개인에 맞추어 대응할 수 있는 유연한 운영 체제를 대부분의 우리 학교들은 갖추고 있지 못하며, 객관성과 능률성을 추구하는 관리모드의 조직 운영에서는 학생집단 특유의 감성과 정서, 관심과 선호들이 존중되는 시스템을 구축하기가 쉽지 않다. 조한혜정은[32] 대학입시 준비 교육과 권위주의적 통제 문화, 경직된 획일적 풍토, 소수에 초점을 맞춘 교육 운영 속에서 흥미와 의미를 찾지 못하고 소외되어 부적응하고 저항하며 고통받는 청소년의 방황 실태를 제시하면서 '중세 성곽'같이 남아 있는 학교의 체질 개선이 이루어져야 함을 주장하고 있다.

---

32 조한혜정 (2007).《학교를 거부하는 아이, 아이를 거부하는 사회》.

학교의 두 번째 특성은 '가르치는' 일을 본업으로 하는 교사 집단의 존재이다. 이들은 분명히 행정기관의 공무원과는 다른 문화적 특성을 지니는데 이를 '교직 문화'라고 부른다. 우리나라 교직 문화에 관한 연구들은 그 특징으로 개인주의 및 경계 유지, 위계성, 방어보수성, 형식주의와 이중성, 무력감과 체념 등을 들고 있다. 가르치는 일은 궁극적으로 교사 개개인의 차원에서 이루어지는 일이므로 개인주의가 강할 수밖에 없으며, 경계 유지란 교사끼리 서로의 영역을 존중하고 간섭하지 않는 성향이 있음을 말한다. 위계성이란 직위, 연령, 선후배 등 상하관계를 중시하는 우리 전통문화의 영향이라 생각되며, 방어보수성이란 조직문화 자체가 지니는 보수성에 기인하기도 하지만, 교직에 대한 외부로부터의 공격과 비판에 대한 저항의 성격도 지닌다고 생각된다. 이는 또한 자신만의 경계를 유지하고자 하는 성향과도 연관된다. 형식주의와 이중성은 이미 논의한 바와 같다.

학교조직은 또한 관료제적 성격과 동시에 '이완된 조직'으로서의 성격도 지닌다고 이야기된다.[33] 이는 학교에서 이루어지는 일들이 행정기관과 같은 전형적인 관료제에 비해 느슨하게 결합해 있어 각 주체가 어느 정도의 독립성을 지니고 있으며, 서로의 영향 관계가 명확하지 않고 영향이 있더라도 그 작용이 약하고, 간접적이며, 느리게 진행된다는 것이다. 예컨대, 교사가 학생을 가르치는 일은 상당한 독립성과 자율의 영역을 지니고 있어 학교장이나 다른 교사가 여기에 영향을 미치는 데 한계가 있으며, 학생들의 성공과 실패가 어떤 요인에 의해 나타난 것인지 인과관계를 명확하게 밝히기가 어려운 측면이 있다는 것이다.

이상과 같은 학교의 교직 문화는 위로부터, 외부로부터의 개입과 변화 압

---

33 Weick (1976). Educational organizations as loosely coupled systems.

력에 대하여 저항적인 태도를 형성하게 되지만, 다른 한편으로는 관료제적 시스템 속에서 순응할 수밖에 없는 구조로 인해 이중적인 형식주의 반응을 보이게 된다. 이것이 공공 조직의 한 부분인 학교 안의 교사들이 겪게 되는 딜레마이다. 이러한 이중성을 지닌 조직을 일반적인 행정적인 지시나 압력으로 통제하고 변화시키려 하는 것은 사실상 무리라고 보아야 한다. 우리 학교들이 보이는 형식주의적 반응은 이와 같은 학교의 특수한 상황에서 비롯된다는 것을 알 수 있다.

문제는 학생 집단과 교사 집단이 지니는 문화적 특성이 학교를 다루는 관리모드 접근과 근본적으로 상충한다는 것이다. 관리모드에 의해 움직이는 학교에서 학생과 교사는 모두 행복하지 못하다. 그들의 정서, 내재적 동기가 충족되기 어려우며 그들이 추구하는 가치와 욕구도 실현되기가 쉽지 않다. 이러한 상황에서 학교 안의 삶에 대한 의미 부여가 제대로 이루어지기 어렵게 된다. '소외'란 의미를 상실한 인간의 모습을 가리킨다. 결국 우리가 목도하는 학교의 문화는 학교의 주인인 학생과 교사 모두를 소외시키는 '소외생산 문화'라고 해도 과언이 아니다.[34] 물론 이러한 문제를 극복하기 위한 학교 변화 노력이 없는 것은 아니나, 아직 이 고질적, 만성적 증세로부터 우리 학교들이 치유되었다는 희소식은 잘 들리지 않는다.

라. 학교에도 의원성 질환?

학교가 관리모드, 형식주의, 소외생산 문화에 사로잡혀 있다면 이는 학교의 본질을 원천적으로 왜곡시키는 요인이 된다. 탈레브는 저서 《안티프래질》

---

34 김인희 (2019).《교육복지와 학교혁신》. 184-188쪽 참조.

에서 의원성 질환(iatrogenics)에 대해 이야기하고 있는데, 이는 병을 고치러 병원에 갔다가 오히려 병을 얻게 되는 역설적 현상을 말한다. 즉, 이익을 보려다 더 큰 손실을 보는 현상으로 프래질(fragile)의 한 원인이 되는 것이다. 이러한 의원성 질환의 개념은 학교에도 동일하게 적용될 수 있다고 본다.

필자는 학교에 다니는 동안에 많은 유익한 것을 배웠지만 동시에 적지 않은 부정적인 경험도 있었는데, 소위 '눈 가리고 아웅', 즉 형식주의와 편법이 대표적이었다고 생각한다. 예를 들면, 장학지도를 받기 위해 선생님과 미리 각본을 짜놓은 시범수업, 체력장 시험에 대리시험 치기, 다반사로 일어나는 시험 부정행위(커닝) 등이 기억 속에 선명하다.

학교에서 진행되는 여러 가지 비교육적, 형식주의적 행태들은 잠재적 교육과정으로서 학생들에게 부정적 영향을 줄 수 있다. 그것에 동조하든 반대하든 그것이 세상이 돌아가는 방식(the way things are going)이라는 은연중의 학습이 이루어질 수 있는 것이다. 그러한 학습의 결과로 졸업 후 사회에 나와서도 유사한 현상을 익숙하게 받아들일 수 있고, 본인도 그러한 행태를 보일 가능성이 커진다고 보아야 할 것이다.

결국 관리모드, 형식주의, 소외생산 문화와 같은 부정적 요소들이 학교로부터 얻는 '의원성 질환'의 원인이 될 수 있는 것이다. 어쩌면 이보다 더 심각한 것은 '닫는 교육'에 의해 발생하는 교육적 손실, 즉 '학습 소외'의 문제일 수 있다. 앞서 교육 방법의 문제에서 언급했던 창의성을 말살하는 교육, 질문과 토론을 없애는 교육, 정답만 찾는 교육, 방향보다 속도가 중요한 교육, 비교와 차별, 서열화, 낙인, 패배주의, 좌절, 무력감, 집단주의, 획일주의 등은 우리 학교에서 얻게 될 가능성이 높은 의원성 질환의 증상들이며, 필자는 이들을 '닫는 교육'이라 부른다. 학습자의 성장 기회를 열어주어야 하는 교육의 본질에 반하여 오히려 이를 닫아버리는 교육이란 의미이다.

4. 교육정책과 교육행정

학교가 관리모드에 의해 운영되고 그 결과 형식주의에 사로잡히고 학생을 비롯한 학교 구성원들은 모종의 소외를 겪게 된다는 하나의 도식은, 학교 간에 정도의 차이는 있을지언정, 우리나라의 학교를 직접 다녀보았다면 이를 부인하는 사람은 많지 않을 것 같다. 학교는 독립적, 자율적으로 설립되고 운영되는 주체가 아니라 법과 제도에 의해 운영되는 국가 교육체제의 일부이다. 국·공립학교는 말할 것도 없고 우리나라에서는 사립학교까지 국가 제도에 의해 규제를 받게 되어 있다. 법령에 따라 학교를 설립 운영하고 지도 감독하는 일은 교육행정의 주된 기능이다. 따라서 교육행정이 이루어지는 방식은 곧 학교의 모습을 결정짓는 가장 중요한 요인이 된다. 학교가 관리모드에 의해 운영되고 형식주의 문화를 형성하게 되는 것도 그 외부 요인인 교육행정의 모습에서 비롯된다고 보아야 한다.

이런 이유로 본 절에서는 우리 교육행정의 문제를 살펴보고자 한다. 주로 중앙의 교육부와 시·도의 교육청을 통해 이루어지는 교육행정은 학교 교육의 관리에만 그치는 것이 아니라, 보다 향상된 교육 기회를 학습자에게 제공하기 위하여 다양한 정책을 수립하고 시행하는 교육정책 기능을 포함한다. 이러한 정책들은 교육 현장에 전달되어 학교의 모습이 형성되는 데 큰 영향을 미치게 된다. 따라서 교육정책이 이루어지는 과정을 논의에 포함하고자 한다.

교육정책에 대한 비판은 ① 실제의 교육정책이 교육정책의 특수성을 제대로 반영하지 못하여 정책의 효과를 거두지 못한다는 문제점과 ② 교육정책 분야만이 아니라 우리 국가정책 체제가 지니는 보편적 속성에 기인하는(통제 중심의 관료주의적, 형식주의적 행정과 같은) 문제점으로 구분될 수 있다.

교육행정에 대한 비판은 교육행정이 곧 교육정책이 형성되고 집행되는 장 (setting)으로서 그 정책 과정을 수행·관리하는 장치로 기능한다는 점에서 교육정책에 대한 비판과 분리하여 생각할 수 없다. 교육행정의 수준이 곧 교육정책의 수준을 좌우하기 때문이다.

가. 현실과의 괴리로 인한 현장 적합성 결여

앞에서 합리적-구조적 접근, 관리모드에 대하여 논의하였는바, 이는 학교 뿐만 아니라 교육행정의 접근 방식에도 적용되는 내용이다. 과학적 관리론, 관료제, 실증주의적 접근 등은 근현대 행정의 근간이 되어 온 전통적인 사고 체계이다. 앞서 논의했던 이러한 접근법의 문제점은 고스란히 교육행정에도 해당하는데, ① 세상과 인간의 합리성에 대한 너무 낙관적이고 단순한 가정으로 인한 비현실성,[35] ② 과학성, 객관성, 논리성을 강조하는 반면 사회적 맥락 속 인간의 주관적인 사고, 정서, 태도, 신념 등의 차원에 대한 무관심 또는 무지, ③ 정책 과정의 투입과 산출에 관한 관심에 비해 과정 자체에 대한 상대적 소홀[36] 등을 들 수 있다. 이와 같은 문제로 인해 정책 수립과 집행의 기초가 되는 현실에 대한 인식이 심각하게 제한되는 한편, 관념적, 연역적으로 합리성이 있다고 믿어지는 비현실적인 아이디어들이 투입되게 된다. 과정은 공식화되다시피 하여 능률성을 추구하며 기계적으로 진행되고, 이내 빠른 성과에 대한 기대가 부풀지만, 결과는 성공적이기 어렵다.

---

35 이 접근은 조직 내부 및 주위의 동태적 흐름과 복잡성을 무시하고 있다. 이는 선형성, 합리성과 공식적 구조를 지나치게 중시하고 있으며, 현장의 생명력 있는 현실(vital realities of the context), 인간의 심리, 변화의 과정을 방관하고 있다(Evans, 1996).

36 과정은 단지 관리 통제되어야 할 대상이라고 보고, 과정에 참여하는 주체들에 의해 창조, 재창조되는 것임을 인식하지 못한다.

대부분의 정책 결정은 높은 곳에 있는 권한과 지식을 가진 자들의 규범적 당위론과 연역적 논리를 바탕으로 하향식(top-down)으로 진행되므로 현실감(sense of reality)이 떨어지는 것은 필연적이다. 외부 아이디어의 도입이 충분한 검증 없이 자주 이루어지며, 우리 고유의 토양을 무시한 채 외국의 사례를 거칠고 성급하게 이식시키는 경우도 볼 수 있다. 우리 현실, 특히 현장의 다양성에 대한 고려가 미흡하므로 일부 성공 사례를 무리하게 일반화하여 전국을 대상으로 획일적 확산 적용이 이루어지기도 한다. 현장의 상황(local context), 현실 여건, 정책을 직접 수행하여야 할 집단의 조직문화 등에 대한 인식 부족은 결국 교육정책의 현장 적합성을 저하시키는 원인이 된다. 현실을 무시한 무리한 추진이 이루어지고 현장의 실정, 전문 분야의 생리를 모른 채 통제적, 획일적인 행정을 지속하여 결과적으로 형식주의적인 정책 집행이 이루어지고 실제로 의미 있는 변화가 일어나기는 점점 더 어려워진다.

나. 졸속행정의 문제

교육행정에 대하여 졸속행정이란 말을 자주 들어왔다. 이는 문제에 대한 충분한 검토나 고민 없이 너무 빨리 어설픈 대응을 하여 문제는 제대로 해결되지 않고 오히려 부작용을 일으키는 행정 행태를 지칭하는 것이다. 이러한 소위 'quick fix' 대응을 지적하는 표현은 매우 다양하다. 예를 들면, 조급함, 임시변통적, 근시안적, 사안 대응적, 한건주의, 임시미봉책, 사탕발림 등이다. 왜 이런 문제가 발생하는가? 아마도 이른 시간 안에 대책을 내놓아야만 하는 상황적인 압력 등이 현실적으로 작용할 것이다. 상부 기관의 요구, 언론의 질책, 국회나 다른 힘센 기관, 단체들로부터의 압박 등 외면할 수 없는 힘들이 주변으로부터 작용할 것이다. 그러나 그보다도 더 근본적인 원인은 문제의 본질, 더 나아가 교육 본질의 관점에서 사안에 접근하는 안목과 의지의 부족이 아닌가 생각한다. 정책 당국 스스로 문제를 대하는 철학과 소신, 전문성이 확고하지 못하면 외부의 영향에 좌우되어 상황 대응적인 반응에 그칠 수밖에 없다. 즉, 자신의 내공이 부족할수록 외풍에 심하게 흔들릴 수밖에 없다.

여론이나 외부의 압박에 못 견뎌 문제의 본질에 다가가지 못하고 'Just do anything'식의 대책을 내놓게 되면, 필연적으로 문제의 근본적 해결보다는 '우리도 무언가 하고 있다'라는 단기적, 가시적 성과를 보이는 데 급급하게 되며 장기적인 결과에는 아무도 책임지지 않게 된다. 결국 졸속행정이란, 내공이 부족한-장기적 안목과 관점, 교육 본질에 대한 이해 및 신념, 교육 변화 및 인간에 대한 심층적 이해 등이 부족한- 정책 당국이 외부 환경의 압력에 종속적으로 대응하는 전형적 반응 행태라고 해석할 수 있을 것이다.

다. 일관성 결여의 문제

우리는 교육정책의 변경이 너무 잦고 일관성이 결여되어 있다는 지적 역시 자주 들어왔다. 아마도 전 국민의 관심사인 대학입시제도와 관련하여 가장 자주 들어온 말일 것이다. 정책의 비일관성이 초래하는 가장 큰 문제는 예측 불가능성에 있을 것이다. 제도와 정책은 국민이 미래를 예측하여 어떤 결정을 하고 실천하게 되는 기본적인 준거이자 틀이 된다. 공부하는 학생들에게는 입시제도가 바로 그것이고, 사업을 하는 기업들에는 정부의 산업진흥 정책이나 금융제도, 세금 제도가 그것이 될 수 있다. 그 제도가 너무 자주 바뀌면 이를 바탕으로 미래를 예측하고 계획을 세울 수 없으며, 국민의 삶은 혼란에 빠지고 불안정하게 된다. 따라서 제도는 충분한 의견수렴과 연구 검토를 거쳐 신중하게 만들어져야 하며, 한번 만들어진 제도는 쉽게 바뀌지 않는 것이 바람직하다. 이러한 일관성을 시간의 흐름에 따른 종적(縱的) 일관성이라 부른다면, 이에 못지않게 횡적(橫的) 일관성도 역시 중요하다.

정책의 횡적 일관성이란 동일한 시점에 시행되고 있는 여러 정책의 상호 간에 그리고 한 정책의 내부 요소 간에 서로 상충하는 부분이 없이 일관성이 유지되고 있는지에 관련되는 것이다. 여러 정책은 정책의 목표, 방법적 수단, 평가 기준, 정책의 효과 등 여러 장면에서 서로 모순 상충하는 요소를 나타낼 수 있다. 만일 어떤 정책이 목표는 타당하게 설정되었으나 실제로는 예상치 못한 부작용을 일으키고 있다면 이 역시 횡적 일관성을 해치는 결과가 될 수 있다. 1990년대 중반에 초등학교를 중심으로 '열린 교육'이 바람을 일으킨 적이 있으며 진보주의 교육철학에 바탕을 둔 일련의 교육 방식이 전국적으로 시도된 적이 있었다. 그러나 이러한 학생 중심의 교육과정 적용은 중·고등학교에서는 주류적인 실천 방안으로 수용되지 못하였으며, 오히려 초등학교 열린 교육의 부작용이 뒤늦게 나타난다는 비판이 제기되기도 하였다. 이는 학교급 간에 교육 실천의 일관성이 결여된 사례라고 할 수 있다.

1995년에 발표된 5.31 교육개혁안은 4차례에 걸쳐 백이십 개 과제가 발표되어 유례없는 대규모의 교육개혁이 추진되었는데, 예나 지금이나 대부분의 개혁 과제 실천의 주체는 학교 현장의 교사가 될 수밖에 없다. 그런데 정부는 한참 개혁이 추진되어야 하는 시기인 1998년에 IMF 사태에 따른 구조조정 및 고통 분담 차원에서 교원의 정년을 단축하는 계획을 발표하였다. 또한 이에 대한 찬반 논란 과정에서 촌지 문제를 포함하여 교사들에 대한 사회적인 비판, 소위 teacher bashing이 이루어졌다. 그 결과 교사들의 사기가 크게 저하되고 집단적인 불만은 고조되었다. 이 사례는 이유야 어떻든 결과적으로 정책 간의 일관성이 심각하게 결여된 대표적 사례라고 할 수 있다. 대규모의 교육개혁이 교사들에 의해 추진되어야 할 시점에 전체 교사들의 사기를 저하시키고 정부에 대한 불만을 증폭시키는 정책을 펼친다는 것은 완전히 스스로 모순 상충하는 일을 벌인 것이라고 평가하지 않을 수 없다.

최근 대학입시에서 학생부에 의한 수시모집이 오히려 사교육을 증가시키고 교육의 공정성을 저해한다는 비판으로 인해 수시모집의 비중을 줄이고 정시 비중을 확대하는 일이 벌어졌다. 학생부 전형의 도입은 고등학교 교육이 국·영·수 중심의 입시 위주 교육에 매몰되는 문제를 극복하고 학생들의 균형적 성장과 진로와 적성에 맞는 다양한 학습활동을 장려하는 방향으로 고교 교육을 정상화하기 위한 취지였으나, 그 시행 과정에서의 기술적 어려움과 가정 배경 및 사교육의 개입으로 인한 공정성 논란을 일으켜 사회적 비판에 직면하게 된 것이다. 다양한 이념과 가치가 혼재되어 추구되는 사회에서 교육정책은 목표, 방법, 과정, 결과 등 여러 장면에서 비일관성의 문제에 직면하기 쉽다. 학력 향상을 꾀하다가 특기·적성교육을 실종시키기도 하고, 전인교육을 시도하다가 입시성적을 중시하는 학부모의 반대에 부딪히기도 하고, 배움의 공동체를 지향하는 혁신학교를 운영하다가 학력 저하 논란에 빠지기도 한다.

횡적 일관성의 결여는 교육정책의 전반적 효율성을 저하시킬 뿐만 아니라 정책의 효과를 떨어트리는 문제를 일으킨다. 정책 과정의 여러 요소가 서로 조화를 이루어 시너지를 발생시키기는커녕 오히려 서로 방해하는 꼴이 된다. 정책의 효율성이 떨어진다는 것은 곧 우리 교육체제 전반의 효율성이 떨어진다는 것을 의미한다. 우리가 교육에 쏟아붓는 시간, 노력, 자원에 비하여 그 성과가 미진함을 의미하는 것이다. 정책이 추진되는 과정을 좀 더 깊이 들여다보면 그 속에서 사람들이 겪는 대립, 갈등, 분노, 좌절, 비난, 저항, 체념, 무력감, 회피, 타협(형식주의 반응) 등 여러 부정적 현상을 목도할 수 있게 될 것이다.

정책의 비일관성이 나타나는 원인은 무엇인가? 먼저 종적 일관성에 대해 살펴보자. 왜 자꾸 정책을 바꾸는가? 미국의 교육학자 헤스는 저서《Spinning Wheels》에서 정치적으로 선출된 미국의 교육감들이 자신의 임기 내에 지역구 주민에게 무엇인가 실적을 보이기 위하여 상징적 교육개혁을 추진하면서 새로운 정책을 남발하는 현상을 지적하고 있다.[37] 그는 이를 '정책 휘젓기(policy churn)'라 부른다. 그들은 자신이 한 일의 결과를 지켜볼 만큼 그 자리에 오래 머물지 않기 때문에 결과(output)나 과정(process)보다는 투입(input)에 더 집착하게 되며 그 때문에 어떤 일을 벌이는 그 자체에 집중하게 된다는 것이다.

이러한 현상은 우리 교육 상황에서도 쉽게 관찰될 수 있다. 정치적으로 임명된 장관이나 선거로 선출된 교육감들은 모두 정치적인 상황으로부터 자유롭지 못하다. 자신의 지역구 주민이나 자신을 임명해 준 정치 세력에 대한 단기적 책무성과 충성심을 보여야 하는 것은 그들의 필연적 운명이다. 자신의 이름을 걸고 어떤 새로운 일을 벌이는 것이 자신의 존재 이유를 증명하는 길이며, 특히 자신의 선임자가 반대 정치 세력 출신인 경우에는 앞선 정책을 무력화하고 자신의 정치색을 보이기 위해 기존 정책을 뒤엎는 것을 흔히 볼 수 있다. 우리나라의 경우에는 진보와 보수 세력 간에 첨예한 대립 구도가 형성되어 교육정책의 일관성에 큰 영향을 미치고 있는 것이 현실이다. 고교평준화 해제 논쟁이나 자사고의 승인과 폐지를 둘러싼 갈등이 예가 될 수 있을 것이다.

교육정책이 쉽게 바뀌는 또 다른 이유는 하나의 정책이 수립될 때 너무 졸속으로 이루어지는 경향이 있다는 점이며 이 문제는 이미 논의하였다. 충분

---

37   Hess, F. (1999).《Spinning wheels》.

한 준비 없이 급하게 만들어진 정책은 허점이 드러날 수밖에 없고, 근본 원인에 대한 접근이 미흡하여 애초의 문제가 해결되지 못하고 그대로 남아 있을 가능성이 크다. 정책이 시행되었음에도 문제는 그대로 남아 있으니 또 다른, 그러나 유사한 정책이 반복적으로 만들어지는 것이다.

교육정책의 비일관성 문제는 또한 교육 당국의 인사 관행에서 비롯되는 측면도 있다. 교육부를 비롯하여 우리나라의 교육행정기관들은 업무 담당자의 인사이동이 너무 잦은 경향이 있다. 담당자의 잦은 교체로 인해 전문성 축적에 어려움이 있을 뿐만 아니라, 안정적이고 연속성 있는 정책 업무 추진에 차질이 생길 수 있다. 물론 정부 조직의 업무가 사람에 따라 달라지는 것은 바람직하지는 않으나, 담당하는 사람이 어떤 생각과 자세, 어떤 역량을 가지고 있느냐에 따라 업무의 질과 성과가 달라지는 것은 사실이다. 하나의 정책 업무가 안정적으로 일관되게 추진되고 경험이 축적되어 지속해서 업그레이드 되려면 담당자가 자주 바뀌는 것은 곤란하다. 우리 교육행정조직이 이러한 약점을 지니고 있음은 누구도 부인할 수 없을 것이다.

둘째로, 횡적 일관성의 부족 현상은 왜 일어나는가? 왜 정책 간의 조율이 원활하게 이루어지지 못하고 상충하는 현상이 나타나는가? 정책 과정 속의 비일관성 문제는 왜 발생하는가? 왜 정책목표와 다른 결과가 발생하는가? 왜 예기치 않은 부작용이 나타나는가? 이들 질문에 대한 답은 간단하지 않으며, 수많은 이유를 찾을 수 있을 것이다. 아마도 가장 큰 이유는 우리 사회가 추구하는 정치적, 이념적, 사회문화적 가치가 다양하며 서로 상충하는 경우가 많기 때문일 것이다. 보수와 진보, 자유와 평등, 엘리트주의와 대중 지향, 본질과 수단, 학력과 인성 등 가치의 대립 관계는 셀 수 없이 많으며 이들은 직접, 간접으로 교육정책에 영향을 미친다.

정책 수립은 여러 가치, 여러 세력, 여러 집단 간의 상충하는 이해관계를 지혜롭게 절충해 나가지 않으면 안 된다. 이를 위해서는 보다 상위의 가치와 목표가 제시되어야 할 필요가 있으며, 이러한 상징적 가치와 메시지, 그리고 리더십을 통해 합의에 이르도록 하는 것은 정책 당국의 역량이라 할 수 있다. 여기에서 상당한 철학적 수준이 요구되며, 상대적으로 철학이 빈곤한 통치 집단은 그러한 역량을 발휘하는 데 어려움을 겪게 될 것이다. 여하튼 중앙과 지방의 정책 당국은 정책 과정의 일관성을 저해하는 요소를 최소화하는 노력을 지속하여야 한다. 스티븐 코비가 말한 '한 방향 정렬(aligning)'은 이러한 횡적 일관성을 유지하기 위한 행동이다.[38]

라. 외부로부터의 영향 문제

정책 업무를 직접 담당하는 관료 집단의 전문성과 소신이 확고하지 못하면 정치적 외압이나 외부의 간섭에 따른 흔들림이 심해진다. 보수정권하에서는 경제부처나 산업계 등의 압력으로 교육에 시장원리를 확대하는 방향으로 움직여 교육의 불평등과 양극화 논란이 심화하기도 하며, 진보정권하에서는 평등주의에 발목을 잡혀 경쟁과 선택을 터부시하고 결과적으로 교육경쟁력 저하 논란을 가져오기도 한다. 어차피 교육정책이 정권의 정치 이념으로부터 자유로울 수는 없겠지만, 정책 과정 중의 여러 장면에서 관료들의 경험과 전문역량은 비교육적이고 불합리한 결정을 막고 교육의 본질을 지키는 교육정책의 수호자가 되어야 한다.

교육정책이 외부의 힘에 흔들리다 보면 정책 과정이 왜곡되어 정치 논리, 경제 논리에 교육 논리가 치이게 되고, 정책 결정에서 과학적 합리성이 경시

---

38 Covey, S. (2017). 《성공하는 사람들의 7가지 습관》.

되거나, 정상적인 의견수렴의 미흡으로 관련 집단의 정책 이해 및 참여에 제약이 생기고, 결과적으로 추진 과정 중에 저항을 유발하는 문제를 초래할 수도 있다. 교육정책이 외부의 영향을 쉽게 받는 문제는 앞에서 논의하였듯이 정책이 졸속으로 만들어지고 또 자주 바뀌게 되는 일관성 결여의 상황과 직결되는 것이다.

한편, 교육정책은 그 파급효과가 광범위하고 직간접으로 관련된 분야가 많으므로 정책 수립에는 거시적 관점과 함께 다른 분야와의 소통 및 조율이 필요한 측면이 있다. 교육의 목적에는 개인의 성장이란 내재적 목적뿐만 아니라 사회발전, 인적자원개발과 같은 투자적 동기에 의한 외재적 목적도 존재하는바, 교육 관료들이 거시적 시야의 부족으로 교육의 내적 논리로만 정책과정에 임하는 경우 교육정책 수립 및 추진을 위한 대외적 협력과 지원이 원활하지 못할 수 있다.

또한, 고등교육 영역은 전통적인 교육학의 관점과는 별도로 각 학문 분야별 고유의 특성에 맞는 정책 추진이 필요한 측면이 있다. 따라서 교육정책의 접근은 교육에 내재한 본질적 가치를 존중하되 그 외연을 확장하여 관련 분야와의 소통 및 협력을 중시하는 개방적이고 유연한 접근이 필요하다. 그렇지 못하면 자칫 교육은 자신만의 폐쇄적인 논리에 빠져 외부 사회와 고립된 섬으로 존재할 우려도 있으며, 그것은 거꾸로 외부 사회로부터의 비판과 공격을 초래하는 빌미를 제공할 수도 있다.

마. 정책을 집행하는 교육행정체제의 문제

1) 관료제적 행정체제의 한계

교육정책을 담당하는 교육부와 교육청은 기본적으로 전형적인 관료제의

형태로 구성·운영되기 때문에, 법적·제도적 권위에 의거하여 수직적 지휘
명령 체제에 따라 능률적이고 체계적으로 움직이는 장점이 있는 반면에, 규
제적·획일적이며 경직된 업무 체제를 지니는 것으로 평가되곤 한다. 이러
한 업무 체제는 질서를 중시하고 안정적인 반면에, 변화에 대한 대응이 빠르
지 못하고 보수적인 경향을 띠기도 한다. 이들의 업무 방식은 관료주의적 통
제와 획일화된 집행, 기계적 능률 중심의 행정문화라는 기본 패러다임 속에
서 작동하고 있다. 과거의 권위주의 문화는 우리 사회의 민주화에 힘입어 그
동안 많이 감소하였으나 형식주의적 행정 행태는 아직도 상당히 남아 있는
것으로 보인다. 그동안 시대 변화에 맞추어 행정조직과 기능의 효율성을 높
이기 위한 혁신 노력이 다양하게 이루어졌으나, 민간 조직과 달리 법령에 따
라야 하고 신분보장을 받는 공무원으로 구성된 대규모의 정부 조직이 변화할
수 있는 폭에는 한계가 있는 것으로 보인다.

2) 투입 중심 접근의 한계

교육정책의 과정을 '투입(input)-과정(process)-산출(output)-환류
(feedback)'라는 체제 순환 모형에 의해 구분하여 보면, 정책을 수립하여 시
행하는 단계는 투입에 해당하며, 정책이 집행되어 교육 현장에서 실천이 이
루어지는 단계를 과정, 실천의 결과로 교육적 성과가 나타나고 그에 따른 교
육적 변화가 이루어지는 단계를 산출이라 할 수 있을 것이다. 그런데, 교육 당
국 공무원의 업무는 주로 투입 단계에 집중되어 있다고 해도 과언이 아니다.
그들은 정책 사업 시행을 위해 어떤 내용을 누구에게 시달했고 어떤 자원을
어디에 얼마나 투입했는가 하는 실적을 산출(output)로 생각하는 경향이 있
다. 정책을 공문으로 시달하고 산하기관 담당자 회의 및 연수를 실시하고 안
내 자료를 배포하고 예산을 배정 교부하고 기관 평가 항목에 정책 관련 사항

을 반영시킨 것으로 할 일을 다 했다고 생각하는 것이다.

그러나 여기까지는 교육 변화를 목표로 하는 전체 정책 과정에서 볼 때 투입의 단계, action 단계에 지나지 않는다. 공무원들이 해마다 작성하는 연간 주요 업무실적을 보면 대부분 이 투입 단계의 실적을 기록하고 있다. 이러한 투입으로 인해 현장에서 어떤 실천들이 이루어지고 있고 그 과정에서 어떤 요소들이 결합하고 작용하여 어떤 일들이 진행되고 있으며, 그 결과로 어떤 교육의 변화가 나타나고 있는지, 궁극적으로 그 정책으로 인해 아이들에게는 어떤 변화, 성장이 일어나고 있는지와 같은 사항들에 대해서 교육 당국은 사실상 진지한 관심을 보이지 않는다. 그들이 인식하는 자신들의 할 일은 대체로 투입 단계에서 벗어나지 못하기 때문이다.

이와 같은 투입 중심의 인식으로 인해 공무원들 대부분의 시간과 에너지는 투입 단계에 집중되고 과정과 결과 단계는 교육 현장에 맡겨진다. 간혹 과정이나 결과 단계에 대한 자료가 필요하면 주로 연구소나 대학교수들에게 정책 연구를 맡겨 해결하기도 한다. 과정 단계에 관한 관심과 연구가 적으므로 과정에 대한 지식이 부족해지는 것은 불가피하다. 과정에 대한 지식은 곧 변화의 과정에 대한 지식이다. 여기서 변화는 교육 변화, 즉 인간의 사고, 태도, 행동, 신념의 변화를 말한다. 가장 중요한 변화의 주체는 교사와 학생이다. 교사와 학생의 변화가 일어나지 않는 교육의 변화란 있을 수 없으며, 이들이 변화하려면 그에 필요한 조건들이 충족되어야 한다. 교육정책을 통한 의미 있는 교육 변화는 '과정' 단계가 제대로 진행되지 않고는 일어날 수 없다. 그 중요성만큼 과정에 대한 올바른 지식이 요구되지만, 그러한 지식을 쌓는 것은 용이하지 않다. 특정한 사회적 맥락, 조직 환경 속 인간의 변화에 대한 높은 수준의 안목이 요구되는데, 이는 풍부한 현장 경험과 전문적 학습을 통해서만 도달할 수 있는 수준이다.

이와 같이 과정 단계가 중요함에도 불구하고, 우리 교육 당국의 관심은 투입 단계에 머무르고 있어 과정 단계에 대한 높은 전문성을 갖추기 어렵다. 교육 당국은 과정 자체를 실제보다 단순하게 낙관적으로 보는 경향이 있다. 정책의 취지와 내용이 좋으니 당연히 환영받고 현장에서 수용되리라는 낙관적 기대를 한다. 그러나 정책이 행정 체제를 통해 전달되고 현장에서 이를 받아들여 실천에 이르는 과정에는 많은 변수가 개입된다. 라인(1983)은 정책 과정에 참여하는 다양한 주체들은 정책을 자기 입장에서 재정의, 재해석하게 되며 이를 '수용(accommodation)'이라고 부르는데,[39] 서로 입장이 다른 만큼 해석도 다를 수밖에 없다는 것이다. 교육부와 교육청의 입장이 다를 수 있고, 교육청과 학교의 입장이 다를 수 있다. 학교에서도 교장과 교사들의 입장이 다를 수 있고, 교사들 간에도 보직교사와 평교사, 경력교사와 신임교사의 입장이 다를 수 있다. 교사와 학생 간에도 또 입장이 다를 수 있다. 하나의 정책이 시달되었을 때 그 정책에 대한 해석은 얼마든지 서로 다를 수 있으며 심지어 서로 충돌할 수도 있다. 사람들은 자기 자신의 주관적 해석에 따라 반응하지, 교육부 장관이나 교육감이 기대하는 대로 따라 주는 것이 아니다.

정책이 시달되어 하나의 변화 과제로 부과되고 교육 현장에서 이 과제를 실천함으로써 교육의 변화를 일으키기 위해서는 교사들이 이를 수용하여 실행하여야 한다. 로저스의 혁신 이론에 따르면 변화의 과정은 '지식-태도-결정-실행-확인'이라는 다섯 단계를 거쳐 진행된다고 하는데[40] 필자는 이를 줄여 '지식-태도-실천'으로 설명한 바 있다.[41]

예컨대 한 중학교 교사가 '자유학기제'라는 정책에 따른 과제를 실행하여

---

39   Rein, M. (1983).《From policy to practice》.
40   Rogers, E. (1995).《개혁의 확산》.
41   김인희 (2008).《학교교육혁신론》.

교육적 변화를 일으키기 위해서는 먼저 자유학기제에 대한 지식을 가져야 한다. 자유학기제란 무엇을 의미하고(사실적 지식), 어떻게 실행하는 것이며(방법적 지식), 왜 그렇게 하는 것인지(원리적 지식)에 대한 지식이 필요한 것이다. 지식을 얻고 이해가 생기면 그다음에 자연스럽게 어떤 태도가 형성되는데 그것이 긍정적일 수도 부정적일 수도 있다. 어느 쪽으로 생각하게 되는가는 개인의 주관적 판단 기준을 따르게 된다. 긍정적 태도를 갖고 과제를 수용하기로 결정하고 실천에 옮기는 것이 바람직하겠으나, 부정적으로 생각하면서도 다른 이유로 과제를 수용하고 실천에 옮기는 경우도 일어난다. 부정적 태도를 지니면서도 과제를 실행에 옮기는 경우가 바로 앞에서 논의한 형식주의의 발생 조건에 정확하게 들어맞는 경우이다. 필자가 그동안 현장으로부터 들어 온 우리 학교의 모습은 대체로 이 경우에 해당한다. 그만큼 우리 학교에 형식주의가 넓게 퍼져 있다는 것을 짐작할 수 있다.

이와 같은 정책의 과정 단계에 대한 이해가 부족한 채 투입 단계에 편중된 교육정책 추진은 매우 위태롭다. 교육 당국은 자신들이 만들어낸 멋진 정책이 성공적으로 실행되어 훌륭한 결과를 가져오기를 기대하겠지만, 정책이 현장 실천을 통해 변화를 만들어내는 과정은 그리 단순하지 않으며 곳곳에 수많은 장애 요인이 도사리고 있다. 무슨 정책이든지 성공 가능성보다는 실패 가능성이 훨씬 높다는 것이 맞는 이야기일 것이다. 따라서 과정 단계에서 영향을 미치는 요소들—특히 사람들—에 대한 정확한 이해를 바탕으로 시뮬레이션(simulation)을 통해 주의 깊게 과정 단계를 설계하고, 예기치 못한 변수에 대비한 사전 대응책을 마련하는 등 과정 자체를 효과적으로 관리하는 노력이 있어야만 당초에 기대했던 정책효과에 더욱 가까이 다가갈 수 있을 것이다.

3) 현장성의 부족

관료제적 업무 체제와 투입 중심 정책 추진의 당연한 귀결로 교육행정의 현장성 미흡 문제는 만성적으로 존재한다. 관료제적으로 움직이는 교육행정은 생리적으로 수요자보다는 공급자 중심이 될 수밖에 없다. 시장에서 상품이나 서비스의 질 경쟁을 통해 생존해야 하는 기업이 필연적으로 수요자 중심이 되는 것과 같은 이유로, 정책과 행정을 독점하는 정부 조직은 경쟁상대가 없으며 권력체제에 순응해야 하므로 공급자 중심이 되는 것이 자연스러운 이치이다. 행정기관은 일차적 책무성을 보여야 하는 대상이 상급 기관이지 서비스의 고객인 주민이 아니다. 왜냐하면 행정기관의 생존을 위한 자원(인력과 예산) 투입은 법과 제도에 의해 상급 기관을 통해 이루어지는 것이지 지역 주민을 통해 조달되는 것이 아니다. 이는 학교도 마찬가지이다.

이와 같은 이유로 수요자 중심성이 떨어지는 교육행정과 학교는 지역의 여건과 상황에 민감하지 못하다. 지역에 대한 고려는 자신의 생존과 안전을 위해 필수적인 요건이 아니라 권장 사항이나 참고 사항 정도에 그칠 뿐이다. 결과적으로 교육행정과 학교는 고객의 불만, 고충에 대한 반응성(responsiveness)이 높을 수 없다. 교육 당국은 학교조직 상황 속의 교사와 학생의 주관적 현실 인식에 대한 이해가 높지 못할뿐더러 업무 추진 과정에서 이들이 중요한 요소가 되지도 못한다. 현장의 과정 요인에 관심을 주기보다는 위로부터 내려온 규정과 지시와 같은 투입 요인을 챙기는 데 급급한 것이 현실이다. 기계론적, 능률 중심 행정관에 의존하고 인간에 대한 종합적인 이해가 부족하여 결과적으로 현장성이 경시되는 구조 속에서 교육정책의 추진 과정은 활력을 잃고 주어진 과제에 대한 형식적인 대응만이 현장을 가득 채우게 된다.

4) 장학 기능의 문제

교육행정에서 가장 형식적이라고 오랫동안 지적받아 온 부분이 장학이다. 장학을 담당하는 장학사, 교육연구사와 같은 교육 전문직들은 장학과 무관한 행정적 업무에 시달려 본연의 장학 업무를 제대로 수행하기 어렵다고 불만을 토로해 왔다. 학교 현장의 교사들도 교육청에 의한 장학지도가 피상적이고 형식적으로 이루어져 실제로 도움이 되지 못함을 지적해 왔다. 왜 이 문제는 지속되고 있을까? 장학은 당초에 필요 없었던 것인가 아니면 필요하기는 하지만 현실적으로 실천하기가 너무 어려운 영역인가? 장학사가 학교를 방문하여 실시했던 과거의 장학지도에 대해서는 요식적, 전시적, 일회성, 행사성, 형식적, 피상적, 권위적 등 부정적 표현이 온통 집결되곤 했다. 물론 요즘은 제도도 많이 바뀌고 추진 방식이 개선된 것이 사실이다.

정기오 교수에 의하면 장학은 공교육의 질을 관리하는 품질관리(quality management) 기능이다.[42] 특히 교사가 학생을 가르치는 일, 즉 교수-학습활동의 품질을 보장하기 위하여 이에 대한 전문적인 도움이 필요하다는 것이다. 이 기능을 효과적으로 수행하기 위해서는 ① 장학에 대한 전문성을 갖춘 인력이 필요하며, ② 그들이 전문성을 발휘하며 역할을 하기 위한 최적의 업무 방식이 적용되어야 하고, ③ 또한, 이러한 장학 기능이 체계적, 지속적으로 운영될 수 있는 시스템이 구축되어야 한다.

우리 장학의 가장 큰 문제는 장학이 행정과 구분되어 있지 않다는 점이다. 업무가 혼재하고 사람도 구분되어 있지 않다. 장학을 담당하는 장학사는 각종 행정 업무도 담당한다. 장학과 행정의 근본적 차이는 그것이 행사하는 영향력의 원천 차이에 있다. 장학은 교육활동에 대한 전문적 권위(authority)에

---

42   정기오 (2005). 교육에서의 정책평가: 교육과정과 장학의 상호관계.

기초하는 반면에 행정은 법적으로 주어진 권한(power)에 기초한다. 또한 교육행정 조직 내 기능의 성격으로 볼 때 장학은 참모(staff)의 기능이며 행정은 계선(line)의 기능에 해당한다. 참모는 전문성에 기초하여 활동하며 계선은 법적 권한과 책임에 근거하여 역할을 한다. 따라서 장학을 담당하는 사람은 전문적 권위를 지니고 전문적인 역할과 책임을 다할 수 있는 직무상의 특성을 보장받아야 하는데, 그 특성은 자율성, 현장성, 고객과의 관계, 동료 평가 등이다.

장학사가 교사의 교수-학습을 비롯한 교육활동을 전문적으로 돕기 위해서는 교육 현장을 중심으로 교사들의 교육활동을 모니터링하고 교사들과 소통하면서 그들의 고충과 문제 해결을 도우며, 보다 효과적인 교육활동이 이루어지기 위한 조건들을 파악하여 전문가로서의 의견을 교육 당국에 개진해야 한다. 이를 위해서 그들의 업무는 지금의 행정적인 일들로부터 벗어나 장학의 핵심 기능에 집중할 수 있어야 한다. 그렇게 해야 교사들에게도 실질적으로 도움을 줄 수 있으며 유용한 경험의 축적으로 장학에 관한 전문성도 신장될 수 있을 것이다.

현재 장학사들의 업무는 대부분 행정적인 일들로 채워져 있으며 장학의 전문성을 쌓는 일과는 거리가 있다. 인사이동도 전문성의 축적 활용보다는 행정적 필요에 따라 이루어지는 면이 있다. 설사 이들이 학교에 장학지도를 나간다고 해도 교사들의 절실한 문제를 해결해 줄 수 있는 충분한 역량을 갖추기 어려우며, 결국 일회성의 형식적인 방문으로 끝나기 쉽다. 장학이 공교육의 질을 관리하는 중차대한 기능이라는 점을 고려한다면 형식주의에 빠진 장학을 구해내고 장학 기능을 정상화하기 위한 획기적인 변화가 절실히 요구된다.

바. 정책평가의 문제

필자가 교육부와 교육청의 업무평가위원으로 활동했을 때 느낀 점이다. 공무원들이 자기 업무의 평가지표를 설정한 내용을 살펴보니 두 가지 미진한 점이 눈에 띄었다. 첫째는 채택된 지표가 그 업무의 성과를 대변하는 지표라기에는 너무 제한적이었으며, 둘째는 그 지표가 향후 그 업무가 지향해야 할 방향을 잘 제시하고 있는가의 측면에서도 매우 부족해 보였다. 우리가 하는 일을 우리 스스로 어떤 기준으로 평가하는가는 결국 그 일에 대한 우리의 안목과 의지의 수준을 드러내는 것으로 생각한다.

교육정책의 평가는 다른 정책 영역의 평가와는 다른 특수성을 지닌다. 교육정책의 궁극적 성과는 학생들의 성장에서 찾아야 하는데, 학생들의 성장에 영향을 미치는 요인과 그 영향 과정이 너무 다원적, 복합적이어서 특정 정책의 효과 여부를 파악하기가 어렵다는 점이다. 결국 최종적인 효과를 파악하는 것이 어렵기 때문에 보다 관찰하기 쉬운 상징적이고 계량적인 지표를 사용하는 경우가 많다. 또한 앞에서 논의하였듯이 산출(output)이나 결과(outcome)가 아닌 투입(input)을 성과로 착각하는 오류를 범하기도 한다.

이와 관련하여 정책이 의도한 본래의 성과가 아닌 주변적인 요소(목적보다 수단, 내용보다 형식, 본질보다 외양)에 대한 피상적, 전시적 평가가 이루어지는 경우가 많으며, 질적 측면에 대한 평가의 한계로 계량 위주의 가시적 요인 중심 평가가 이루어지는 경향이 있다. 이로 인해 평가에서 본질적 가치가 실종되는 경우를 볼 수 있다.

정책의 평가를 성공과 실패로 가르는 OX형 평가가 흔히 이루어진다. 우리는 어떤 정책은 성공적이었고 어떤 정책은 실패였다고 평가를 하기도 하는데, 이러한 방식은 적지 않은 폐해를 가져올 수 있다. 하나의 정책이 시행되면 그것이 성공이든 실패든 교육 현장에 어떤 자취를 남긴다. 그것이 마음에 안 든다고 해서 처음부터 없던 것으로 되돌릴 수는 없다. 우리가 거주하는 집의 경우에는 지금의 집을 허물고 완전히 새로 지을 수 있겠지만 정책은 그렇지 못하다. 정책 과정에 관여했던 사람들의 경험 속에 그대로 남아 있으며 실패한 정책이라도 우리에게 어떤 크고 작은 흔적을 남기게 된다.

그렇다면 우리는 하나의 정책을 최종적 결론으로 못 박고 OX로 결과를 판정하기보다는, 변화를 만들어가기 위한 하나의 가설(hypothesis)로 간주하고 정책이 집행되는 과정을 가설 검증의 과정으로 생각할 필요가 있다.[43] 정책 과정에 참여하는 사람들은 심판자가 아니라 가설 검증에 참여하는 협력자가 된다. 가설이 현장에서 그대로 채택되지 않고 수정이 필요하면 가설을 보완하게 된다. 가설이 완전히 잘못되어 기각해야 할 경우도 있을 수 있다. 여하튼 정책의 집행 과정은 다 같이 참여하여 가설을 검증하고 채택, 수정, 보완, 기각에 이르는 과정이 된다. 정책을 수립하는 사람들은 보다 더 채택 가능성이 높은 가설을 만들기 위해 노력할 것이고, 집행 과정에 참여하는 사람들은 이를 현장의 실제 여건에 맞추어 적용 실천해 보고 그 타당성과 효과, 문제점 등을 확인하여 피드백을 보낼 것이다. 그리하여, 정책이 잘되었네, 잘못되었네, 서로 공박하며 소모적인 논쟁을 벌이지 않고 모두가 함께 참여하는 생산적인 정책 과정이 이루어질 수 있을 것이다.

이렇게 되면 그동안 우리가 목도했던, 유사한 정책의 반복과 문제점의 지속 현상은 상당히 해소될 수 있을 것이다. 일단 정책 전부의 획일적인 성공이나 실패란 평가는 없을 것이다. 현장의 여건과 상황에 따라 정책은 다양한 모습으로 적용되고 수정 보완될 것이다. 정책 과정에서 많은 사람이 능동적, 주

---

43   Tyack & Cuban (1995),《Tinkering toward utopia》, 김인희 (2008),《학교교육혁신론》, 176쪽.

체적으로 참여하는 역동적인 상호작용을 통해 하나의 사회적 구성물(social construct)로서의 정책이 만들어지게 될 것이다. 이는 마치 수동적인 OX 문제 풀이 학습과 학생이 능동적 학습경험의 주체가 되는 구성주의적 학습의 차이와 같다.

사. 정책 당국의 신뢰도 문제

필자는 교육부 근무 시절에 잠시나마 소속기관에 대한 홍보 업무를 맡은 적이 있었다. 그때 정부의 대외신뢰도 제고를 위한 전략과 노력이 기업에 비해 매우 취약하다는 생각이 크게 다가왔다. 교육부, 교육청의 브랜드 가치는 얼마나 될까? 독자들께서는 어떻게 생각하시는지 궁금하다. 아마도 유명 대기업들에 비하면 상당한 격차가 있을 것이고 정부 부처 간에도 다소의 차이는 있을 것으로 생각한다. 정부의 브랜드 가치가 왜 중요할까? 정부는 어차피 독점기업이나 마찬가지인데 굳이 브랜드 가치가 높아야 할 필요는 무엇인가?

정부는 정책 기능을 독점한다. 국민은 어떤 정책을 정부 외에 다른 곳에 요구할 수 없다. 따라서 정부의 정책이 좋으나 싫으나 선택의 여지 없이 받아들일 수밖에 없다. 우리가 상품을 구입하였을 때 질이 낮거나 별로 소용이 없으면 사용하지 않고 방치해 두는 경우가 있고 물건의 질에 대한 불만을 판매자에게 표시할 때도 있다. 정책도 마찬가지이다. 마지못해 받아들인 정책에 대해 소극적으로 반응하거나 적극적으로 저항을 하기도 한다. 여하튼 질 낮은 상품의 소비 가치가 떨어지듯 정책의 품질이 떨어지면 정책의 효과가 떨어지는 것은 당연하다. 이런 현상이 반복되면 정책 판매자인 정부에 대한 국민의 신뢰도가 저하될 것이며, 신뢰도가 저하된(브랜드 가치가 떨어진) 정부가 만들어내는 정책에 대한 기대와 호응도 낮아지게 될 것이다.

정부가 국민의 신뢰를 얻는 방법은 적어도 세 가지가 있다고 생각한다. 첫째는 정책의 품질을 높이는 것으로서 가장 중요한 방법이다. 둘째는 정책수요자들과 생산적인 관계를 맺는 것이다. 예컨대, 교육부는 교원, 학부모와 좋은 관계를 만들어가는 것이 중요하다. 원활한 소통 창구를 마련하여 정책수요자의 의견을 경청하고 이를 반영하기 위해 최선을 다하는 모습을 보이며, 정책 추진의 어려움이 있을 때는 진정성 있게 이에 대한 이해를 구하는 것이다. 어떤 사안이 발생하였을 때 신속하고 진정성 있는 대응 자세를 취하는 것도 이에 해당한다고 할 수 있다. 셋째, PR(public relations, 홍보) 활동을 효과적으로 전개하는 것이다. 정책수요자들이 정책의 취지와 내용을 쉽게 이해할 수 있도록 효과적인 안내를 하여야 하며, 기관의 긍정적인 이미지를 구축, 유지하기 위한 상시적인 노력을 지속할 필요가 있다. 이와 같은 다양한 노력을 통해 정부의 신뢰도를 높이는 것은 정책에 대한 수용성과 정책효과를 높이는 데 큰 기여를 할 수 있을 것이다.

아. 교육 거버넌스의 문제

앞에서 관료제적 교육행정체제에 대하여 논의하였다. 우리나라의 행정 관료제는 국가 주도의 중앙집권적 통제에 따라 오랫동안 운영되었으며 80년대 말 지방자치가 부활한 이래 줄곧 분권화가 추진되었으나 아직도 국가 중심 집권형 체제의 기틀은 유지되고 있다고 볼 수 있다. 이러한 틀 속에서 교육행정도 이루어지고 있다. 초·중등학교의 기본적 생태는 이와 같은 교육행정체제에 의해 가장 큰 영향을 받는다. 학교는 교육법에 따라 설립되며 국·공립학교의 교원들은 국가공무원의 신분을 지닌다. 사립학교의 교원들도 법령에 따라 공무원과 거의 대등한 신분보장을 받는다. 그 반면에 학교와 교원들은 교육행정체제에 의해 규제를 받게 되어 교원의 전문직으로서의 자율성과 권위는 상당한 제한을 받는다. 그들은 전문직인가 공무원인가? 교원들은 전문직으로서의 실질적 권위와 권한은 약한데 비해 사회적으로 도덕적, 윤리적 기준은 너무 높게 적용되고 있다는 오랜 불만을 가지고 있다.

국가가 정책 결정을 주도하고 각종 규제를 시달하며 학교와 교사도 국가가 관리하는 체제에서는 현장의 자율, 권한, 권위에 기초한 연구, 혁신, 학습, 전문성 개발 등의 활동이 약화될 수밖에 없다. 사교육의 팽창과 함께 그것이 한국 교사들의 자기효능감을 낮추는 주된 이유라고 생각한다. 현장의 활력이 떨어진 상황에서는 현장에 기반을 둔 이론의 개발 적용과 그에 따른 학문적 연구도 약화될 수밖에 없다.

IV
제1부의 정리:
효율 패러다임과 그 한계

지금까지 제1부에서는 지금 우리 사회가 겪고 있는 문제를 극복하고 앞으로 나아가기 위해 교육의 역할이 중요하다는 전제하에 우리 교육이 지니는 핵심적인 문제와 그 원인을 살펴보고자 하였다. 교육의 철학적 관점, 교육의 방법, 학교조직, 교육정책과 행정 등에 관한 여러 가지 논점을 다루었는바, 전체적으로 드러난 키워드들을 중심으로 [표 1]과 같은 관계를 추출하였다.

우리 교육이 실제로 기반하고 있는 주된 패러다임을 '효율 패러다임'이라고 부르고자 한다. 이는 국가가 실시하여야 할 교육 서비스를 국민에게 최대한 효율적으로 제공하고자 하는 동기에 바탕을 두고 있으며, 이를 위해 20세기 문명 발전을 이끌어 온 과학적 사고와 산업 모델 운영 방식을 적용하고 있다. 국가가 주도하여 과학적 전문성과 집행의 능률을 추구하는 방식으로 교육체제를 구성·운영하고 있으며, 정책의 수요자인 국민은 국가가 제공하는 교육 서비스를 자신들의 사회적 성공 기회를 높이는 방향으로 이용하면서 성과와 효율 중심의 교육 운영에 적극 동참하고 있다.

[표 1] 교육체제 운영의 기존 패러다임과 상충하는 요구

기존	추구하는 가치		사용되는 방식		상충되는 요구
효율 패러다임	효율	속도	국가주도, 관주도, 하향식		분권, 민주적, 상향식
		질서	관리, 규정, 위계, 순응 법적 권한과 책임 합법성	⇔	문제 제기, 비판 토론, 대화 자율, 참여 신뢰, 관계 전문적 권위 주인의식 합목적성
		안정	계획, 예측, 통제		변화, 유연성, 창조
		성과	재능, 성적 투입-결과 중심 상대적, 선별적 수월성 서열 경쟁		학습, 성장 과정 중시 절대적, 보편적 수월성 가치 창조
		능률	관료제, 공급자 중심 집단 중심, 평균주의	⇔	공동체, 수요자 중심 개인 중심 개별 사례의 고유성
	과학	객관성	계량적		질적, 정성적
		정확성	정답, OX식 사고		실패는 성공의 조건
		논리성	이성, 형식논리		감성, 정서, 공감, 감수성
		보편성	대규모, 일반화, 보편적 이론		소규모, 특수성, 특수한 맥락
		인과성	설명, 보편적 인과관계		해석, 현상의 주관적, 맥락적 의미
기존 패러다임 으로부터 발생하 는 문제	인간소외, 형식주의 사회 총체적 비효율 심화 기회 불평등 및 격차 확대 취약한('fragile') 사회체제 지속가능한 사회발전에 한계				

이와 같은 시스템에서 우선 추구되는 실천적 가치(acting value)는[44] 속도,

___

44 Edgar Schein에 의하면 실천적 가치(acting value)는 신봉되는 가치(espoused value)와는 구분된다.

질서, 안정, 성과, 능률 등이며, 일을 추진함에 있어서는 객관성, 논리성, 정확성, 보편성, 인과성 등이 중요한 지표로 적용된다. 업무는 예측 가능성에 기초하여 합리적으로 계획되고, 계획에 따라 질서정연하게 능률적으로 추진되어야 하며, 작업의 성과는 과학적인 지표에 의해 객관적으로 정확하게 측정되고 평가되어야 한다. 투입과 산출에 대한 인과관계 설명이 과학적으로 가능하여야 하며, 정책 결정과 평가는 이러한 과학적 판단에 근거하여 타당하게 이루어져야 한다. 이러한 방식이 전체적으로 교육체제를 효율적으로 운영할 수 있는 방식이 된다고 보는 것이다. 이러한 교육체제를 운영하는 주체는 교육부와 교육청, 교육 서비스를 직접 제공하는 학교이다. 이 기관들은 국가 및 지방 행정체제의 틀 속에서 운영되므로 법령과 행정 권한에 따라 공무원들에 의해 업무가 수행된다. 학생을 가르치는 교사 역시 국가공무원 또는 이에 준하는 신분을 지닌다. 이러한 시스템에서 학교 교육이 관료제적 틀 속에서 운영되고 관료제가 지니는 속성에 의해 영향을 받는 것은 불가피하다고 볼 수 있다.

이와 같은 기존의 '효율 패러다임'은 과학, 기술, 산업, 행정 등 분야에서 성과를 나타내면서 지난 100년간 현대 사회의 발전을 이끌어 온 주류적 접근이라고 할 수 있다. 그 위상이 언제까지 유지될지는 알 수 없으나, 이러한 접근이 적어도 현재 교육 분야에서는 그다지 성공적이라고 할 수 없으며, 다가오는 미래 사회의 전망에 비추어 볼 때에는 그 효용성이 더욱 떨어질 것으로 보인다는 데에 문제가 있다.

이미 앞에서 논의하였고 [표 1]에 제시되었듯이, 효율 패러다임은 여러 측면에서 이와 상충 대립하는 대안적 사고의 도전과 현실적인 변화 요구에 직

후자는 공식적으로, 선언적으로 추구되기는 하지만 실제 행동에 적용되는 가치는 전자이다.

면하고 있으며, 우리 사회와 교육체제에는 이미 어느 정도 이러한 방향으로 나아가려는 시도들이 이루어지는 것으로 보인다. 하지만, 변화의 움직임이 산발적으로 이루어지고 있음에도 불구하고 아직 큰 흐름이 형성되었다고 보기는 어려우며, 교육체제가 운영되는 주된 접근 방식은 여전히 효율 패러다임에 머물고 있다고 생각한다.

교육에서 효율 패러다임이 가져오는 가장 중요한 문제는, 전체적, 집단적 효율을 기하는 동안 개인의 특성과 주체성이 약화될 수 있다는 점이다. 본질적으로 개인 차원의 능동적 학습이 이루어져야 하는 교육의 정상적 모습이 이로 인해 심각하게 왜곡될 수 있으며, 실제로 그런 모습들을 우리는 오랫동안 목도해 왔다. 이는 곧 개인 학습자의 특성과 여건이 존중되지 못하여 결과적으로 유의미한 학습경험을 갖지 못하고 교육을 통한 성장이 제대로 이루어지지 못하는 교육의 모습을 말하는 것이며, 이런 현상이 효율 패러다임에서 기인한 바가 크다면 우리가 이를 계속 견지해야 할 것인가에 대하여 심각하게 문제를 제기하는 것이 마땅하다.

우리가 그동안 교육체제 속에서 체험해 온 인간소외와 형식주의, 그로 인해 심화 확대되어 온 교육 소외와 교육 불평등의 문제는 이러한 효율 패러다임의 극복 없이는 해소되기 어려울 것으로 보인다. 이와 같은 교육체제의 문제가 지속된다면 누적되는 교육 손실에 따른 '사람과 삶의 손실'로 인해 우리 사회의 총체적 효율도 저하될 수밖에 없을 것이며, 효율 패러다임에 발목을 잡힌 취약한(fragile) 교육 운영으로 다가올 미래의 도전을 헤쳐 나가는 데 상당한 어려움이 예상된다.

이미 살펴보았듯이 효율 패러다임은 그 아이디어와 행동양식 속에 소외와 형식주의, 불평등과 총체적 비효율을 발생시킬 수 있는 근본적인 요인들을 내포하고 있다. 교육은 학습을 전제로 하며 학습은 학습자 개개인의 사고, 태도, 행동, 신념의 변화를 의미한다. 따라서 교육의 과정은 이러한 인간의 변화가 일어날 수 있는 최적의 조건을 구축하는 데에 초점이 맞추어져야 한다. 학교와 교사는 그러한 학습 환경을 제공하기 위한 최적의 조건을 조성하기 위해 노력하여야 하며, 교육행정과 교육정책은 이러한 학교 운영이 가능하도록 최적의 여건을 마련하여야 한다. 효율 패러다임은 이러한 근본적인 조건을 마련하는 데 성공적이지 못하였다. 우리는 대안적인 패러다임이 필요하며 그것은 학습자 개개인의 성장이 존중되는 '성장 패러다임'이어야 한다.

최재모(2019)는 학교 개혁이 실패를 반복해 온 것은 학교 교육의 기저에 놓여 있는 교육 담론을 간과한 채 파편화된 개혁 프로그램만을 하향식으로 처방하였기 때문이라고 보면서, 결국 학교 개혁을 위해서는 그 기저 담론에 대한 고찰이 선행되어야 함을 지적하고 있다. 그는 학교 개혁의 기저 담론을 '재현 담론'과 '생성 담론'으로 나누고 이 두 담론의 작동 양상을 살펴보았다. 그 결과 지금까지 주류의 지위를 차지해 온 재현 담론은 학교 교육 활동을 사회화의 테두리 안에 감금하는 절반의 교육 기저 담론으로 작동하였으며, 동일성과 표준화의 부정성을 띠는 것으로 나타났다고 보고 있다. 최재모가 사용하는 '기저 담론'은 내용상 필자가 사용하는 '패러다임'이라는 용어와 거의 같은 수준의 의미를 지니는 것으로 보인다. 그가 말하는 재현 담론은 재현적[45] 사고를 통해 교육 문제를 바라보는 입장을 지칭하는 것으로서, 재현 담론의 토대 위에 구축된 발견으로서의 학습은 정답(원본, 동일성)을 전제하는 수동성을 본질로 삼기 때문에 일상의 혁명을 통한 새로움의 발명에는 결코 이르

---

45 재현(representation)이라 함은 원본을 동일하게 재현한다는 의미이며, 원본이라 함은 사회의 주류 세력이 추구하는 이데아, 즉 이상적인 가치, 원리 등을 의미한다. 재현 담론에서는 대상의 가치가 원본과의 유사성에 의해 판단된다. 자연히 동일화, 표준화가 중요한 과제가 되며 그 주된 수행 방식은 집권적, 하향식 통제가 될 수밖에 없으며, 개체의 특성, 자유, 독창성 등은 방해물이 될 수밖에 없다.

지 못하게 된다. 이처럼 재현 담론에 바탕을 두는 학교 교육은 새로움보다는 동일성을 재현하거나 재인(recognition)하는 데 몰두하기 때문에, 국가 권력이 강제하는 특정 이념과 정체성을 학습자에게 새겨 넣는 데에 동원될 수밖에 없다.

반면 이에 대한 대안적 접근이라 할 수 있는 생성 담론은 변화 가능성, 탈중심성, 미결정성, 유령성, 해체성, 탈주성 등의 속성을 띠며, 학교 교육을 내파시켜 사회화의 영토 밖으로 내보내는 혁신성을 지니고 있다고 보았다. 다음 글에는 생성 담론의 핵심 아이디어가 담겨 있다고 생각된다.

> 리좀(rhizome)적[46] 공간으로서의 학교는 수직적 권력을 제거한 상태이기 때문에 구성원들은 주체성을 회복하게 된다. 구성원의 역할을 일방적으로 부여하던 중심을 제거했기 때문에 학교 구성원들은 스스로의 행위에 대한 입법자가 될 수 있다. 교육은 전제군주가 명령하는 교과 편제와 시수에 따라 이루어지는 대신에, 학습자의 삶이 제기하는 문제에서 출발한다. 모든 교육활동이 학습자의 무한성에서 출발하고, 교사의 전문적 재능에 따라 다양한 창의적 교육과정이 이루어지는 학교혁신이 일어난다. 전제군주에게 할당받은 위치에 고정된 채 기계적인 교육활동을 하는 것이 아니라, 삶의 새로운 가능성을 향해 열린 광장을 질주하는 교육활동이 이루어진다. 열린 광장에서는 삶의 새로운 구문이 출현하게 되고, 수목체계의 경직성 대신에 유연하고 분자적인 변화 가능성, 즉 민주적 학교문화가 창조되는 공간이 될 수 있다.[47]

---

46 감자나 고구마의 땅속줄기와 뿌리는 땅 위의 줄기와 다르다. 이런 형태를 리좀이라고 한다. 한편 나무는 좌우대칭의 질서정연한 형태로 줄기가 배치되어 있다. 이것을 수목 구조라고 한다. 고대나 중세도 그랬지만 특히 근대사회는 수목처럼 구조화되어 있으며 군대처럼 질서화되어 있고 피라미드처럼 체계적이다. 이 수목 구조와 반대되는 개념이 리좀 구조다. 식물학에서 말하는 리좀은 땅속에서 수평적으로 뻗어 있는 구근(bulbs)이나 덩이줄기(tubers) 형태의 뿌리를 말하는데, 형태상으로는 땅에서 하늘로 향하지 않고 땅에서 땅속을 향하고 있다. 또한 리좀은 수목(arbolic) 구조와 달리 계층화, 구조화되지 않고 중심이 없으며 모든 것이 중심인 열린 구조이다. (출처: http://seebangart.com/archives/4249)

47 최재모 (2019). 생성적 관점의 학교혁신 연구. iv쪽.

최재모의 기저 담론 논의가 후기구조주의 철학에 근거하여 이루어지고 있어 사용되는 개념들이 독자들에게는 어려울 수 있겠으나, 그 사고의 흐름은 지금까지 논의한 효율 대 성장 패러다임 구분과 일맥상통하는 면이 있다고 생각한다. 재현 담론은 효율 패러다임과, 생성 담론은 성장 패러다임과 생각의 궤를 같이하는 부분이 있다고 할 수 있겠다. 전자를 전체 시스템의 안정적, 효율적 운영을 위하여 수직적인 체계를 통해 집권적인 힘을 행사함으로써 통일적인 질서를 유지하는 작동 방식이라고 한다면, 후자는 전체라는 개념이나 절대적, 지배적인 힘이 존재하지 않는 상태에서 개체들이 독자성을 유지하면서도 자유롭게 연결되고 상호작용하면서 분산적, 수평적인 관계를 맺으며 정형화된 틀 없이 유동적이고 항상 변화가 가능한 작동 방식을 의미한다고 말할 수 있을 것이다.

　　요점은 지금까지 우리 교육의 실제 운영에 심대한 영향을 미쳐온 것은 효율 패러다임이라 할 수 있고, 그 영향하에 형성된 교육 전반의 여러 모습이 교육의 본질로부터 괴리되는 문제를 지속적, 반복적으로 발생시켜 왔다는 사실이다. 이러한 패러다임의 차원에서 비롯되는 근본적인 문제들을 지엽적인 사업이나 프로그램 수준의 교육정책으로 해결할 수 없음은 이미 분명해졌다. 그동안 수많은 교육개혁 노력이 별 성과 없이 유야무야되고 해묵은 교육의 문제들이 개선되지 못하는 이유가 여기에 있다. 제2부에서는 효율 패러다임에 대한 대안으로서의 성장 패러다임과 그에 바탕을 둔 해법들에 대하여 살펴볼 것이다.

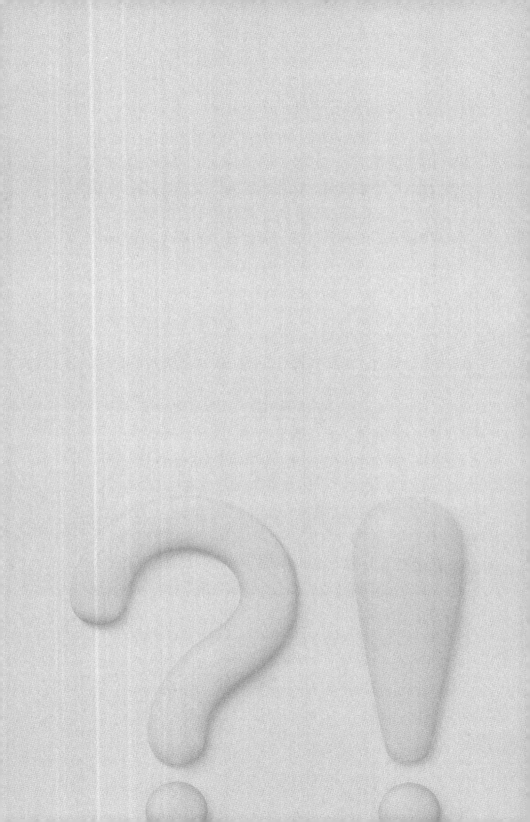

제2부

해법의 탐색

Ⅰ
해결책은 무엇인가?

1. 교육의 본질 회복

지금까지 제1부에서 우리 교육의 문제를 이야기하다 보니 심각한 주제들을 연속적으로 다루어 글을 읽는 여러분들도 마음이 무거우셨을 줄로 안다. 물론 우리 교육이 그렇게 문제들로만 가득한 건 아니고 밝은 면과 강점도 많은 것이 사실이다. 세계적 수준에 견주었을 때 한국 교육은 학생들의 학업성취도가 우수하며, 교사들의 자질이 훌륭하고, 학부모의 교육열이 높으며, 공교육과 사교육을 합쳐 교육에 대한 투자가 매우 높다는 점 등 열거하자면 수없이 많은 중요한 장점을 가지고 있다.

그럼에도 불구하고 우리 교육의 가장 주된 문제를 들라고 한다면 '교육의 본질로부터의 이탈' 현상이라 하겠다. 이러한 현상의 배경에 우리 사회와 교육 전반에 '효율 패러다임'이 지대한 영향을 미치고 있다는 것은 이미 살펴보았다. 교육의 본질, 즉 교육의 내재적 가치는 무엇보다도 인간의 '성장'이다. 성장이 전제되지 않으면 다른 어떤 부수적인 교육의 동기나 목적들도 모두 실현 불가능하며 무의미해진다. 본질에 충실하지 않으면서 다른 주변적 가치를 실현한다는 것은 이치에도 맞지 않는다. 이러한 이유로 교육 변화의 출발점이자 궁극적인 목표는 교육 본질의 회복, 즉 학습자 개개인의 '성장'이 최우선시되는 교육의 본모습을 찾는 것이 되어야 한다.

학습자 개인의 성장은 잠재력을 바탕으로 가능한 최고 수준 도달을 지향해야 하며, 이러한 성장은 학습자의 유의미한 학습을 통해서만 가능하다. 또한, 유의미한 학습의 기회는 어느 학습자에게나 동등하게 주어져야 한다. 여기서 교육 기회로부터의 소외와 불평등을 극복하고자 하는 교육복지의 필요성이 확인된다. 교육복지는 곧 교육의 본질을 회복하려는 노력의 새로운 이름이자 새로운 접근이라고 할 수 있다.

우리가 추구하는 개인의 성장은 무엇을 위한 성장이어야 하는가? 물론 학습자 개인마다 나름의 목표를 가지고 학습에 임할 것이다. 그러한 개인적인 부분을 사회가 대신 정해줄 수는 없는 일이다. 그렇다고 해도, 우리가 사회통념상 공유하는 공통의 가치는 존재하며 우리 교육이 개인의 행복과 함께 사회와 국가의 발전을 위해서 추구해야 할 공공의 가치와 방향은 분명히 존재할 수 있다고 본다. 또한, 이러한 가치와 방향은 교육이 이루어지는 방법의 차원에서도 마찬가지로 반영되는 것이 옳다고 본다. 예컨대, 민주주의 사회의 교육은 그 방법도 민주적으로 이루어지는 것이 옳다는 것이다. 그런 의미에서 우리 교육에서 학습자의 성장이 무엇을 지향하는 성장인가에 대한 논의는 어느 정도 가능하다고 본다.

필자는 '자유로운 개인과 공정한 사회'가 우리가 추구해야 할 사회의 모습이며, 이러한 사회에서 개인은 성장을 통해 행복을 누리고 그 사회는 정의, 상식, 도덕이 살아 있는 곳이 되어야 한다고 생각한다. 교육은 이러한 가치들을 실현할 수 있는 민주사회 시민의 역량을 신장하는 역할을 하여야 한다. 개인의 행복한 성장은 자연스럽게 사회와 국가의 발전으로 이어지게 될 것이다. 따라서 교육이 추구하는 목적과 방법에 모두 이들 가치가 반영되고 실천되어야 할 것이다. '효율'은 이러한 근본적 가치들이 실현되는 과정에서 추구되어야 할 2차적 수단적 가치로서 이들 근본적 가치보다 우선할 수는 없다. 그러나 지금의 우리 교육을 움직이는 주된 패러다임은 효율이라는 가치에 과도하게 편향되어 있으므로 이보다 우선해야 할 근본적 가치들이 저해되거나 뒷전으로 밀리는 전도(顚倒) 현상이 나타나고 있다고 볼 수 있다.

우리 교육의 문제에 대해서는 충분한 논의를 진행하였으므로 이 절에서는 문제 인식에 바탕을 두고 앞으로 우리 교육이 나아가야 할 방향과 실행되어야 할 과제를 중심으로 이야기를 전개해 나갈 것이다. '교육의 본질을 회복'하는 노력은 교육의 방식이나 학교조직 경영뿐만 아니라 교육행정 및 정책 수립 과정 전반에서 동시에 진행되어야 한다. 부분 부분의 분산적, 분절적 변화가 아니라 전체를 아우르는 '체제적 접근'이 필요한 시점이다.

이를 위해서는 먼저 우리 교육의 패러다임 전환의 필요성과 그 이유에 대한 심층적이고 폭넓은 인식이 교육계 전반, 그리고 더 나아가 우리 사회에 확산되어야 하며, 사회적 공론화가 진행되어야 한다. 이를 위해 정부, 국회, 학계, 언론, 시민 등이 지속해서 여론을 조성하고 변화를 위한 사회적 역량 및 분위기 조성에 함께 노력해야 한다. 각 사회 주체가 어떤 노력을 하여야 하는가에 대해서는 뒤에서 다시 논하게 될 것이다.

2. 성장을 지향하는 교육 패러다임의 정립

우리 교육이 본질로부터 멀어지는 문제를 겪게 된 이유가 효율 패러다임에서 기인한 바가 크다면, 앞으로 이 문제를 극복하기 위해서는 패러다임의 전환이 필요하며 우리가 지향해야 할 패러다임은 교육의 본질을 추구하는 '성장 패러다임'이 되어야 한다. [그림 2]에서 볼 수 있듯이 이는 교육이 이루어지는 전반에 적용되어야 하며, 일련의 사고의 근본적 변화를 요구한다. 그러나 다행히 이것이 아주 새롭고 생소한 것은 아니라고 생각한다. 많은 부분은 지난 20~30년간 교육 문제에 대한 비판과 함께 대안으로 제시되었고 최근 들어 활발하게 시도되고 있는 아이디어들도 있다. 필자가 제시한 변화지향 모드도 성장 패러다임의 중요 부분이라고 볼 수 있다.[1] 이미 우리 교육 현장에서 혁신의 가이딩 아이디어(guiding idea)로 적용되고 있는 경우도 많으나, 아직 전반적으로 성장 패러다임이 대세가 되지는 못하고 있다. 머리로는 그 방향을 추구하지만, 몸은 효율 패러다임에서 벗어나지 못하고 있는 형국이다.

아이디어 하나하나도 중요하지만, 전체적인 패러다임의 의미와 본질을 이해하고 교육이 이루어지는 제 장면에서 이러한 관점을 일관성 있게 적용하는 노력을 하는 것이 중요하다. 객관적 지식수준에서 인지하는 것만으로는 부족하며, 자신의 사고와 태도, 행동의 기준이 될 정도로 내면화, 체화되어야 한다. 그리하여 여러 사람이 이와 같은 패러다임에 의해 생각하고 판단하며 결정하고 행동할 때 실제로 구체적인 변화가 이루어질 수 있는 것이다. 결국 우리는 새로운 패러다임 속에서 우리의 사고, 태도, 행동, 신념이 정합성(整合

---

1 변화 지향 모드에 대해서는 김인희 (2008),《학교교육혁신론》, 김인희 (2019),《교육복지와 학교혁신》등을 참고하시기 바란다. 변화모드란 관리모드와 대척점에 있으며, 인간의 사고, 행동, 태도, 신념의 변화가 이루어질 수 있도록 변화의 조건, 과정을 중시하여 참여, 협동, 열정, 몰입, 헌신, 학습 등이 가능한 방식으로 접근하는 것을 말하며, 특히 변화 과제에 대한 의미 부여, 소외 극복의 조직문화, 변화지향의 리더십 등을 중시하는 일련의 사고방식 또는 관점을 의미한다.

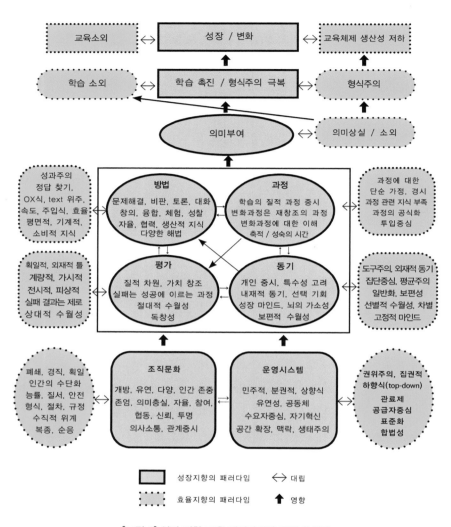

[그림 2] 성장 지향 교육 패러다임과 위협 요인들

性)을 이룰 수 있도록 자신의 사고체계를 구축해 나가야 한다.

교육과정 운영에 있어 교육의 방법, 과정, 평가는 그 추구하는 방향과 적용되는 기준이 일관성을 지녀야 하며, 왜 교육을 해야 하고 무엇이 의미 있는 학습인가에 대한 교육 본질적 차원의 동기가 중시되어야 하고, 교육의 당사자인 학생과 교사들에게 공유되어야 한다. 이러한 교육과정 운영은 학교조직의 문화와 운영시스템의 기반 위에서 실현되는 것으로, 두 가지 기반이 일치되는 방향으로 가동될 때 정상적인 운영이 이루어지고 효과도 나타날 수 있다. 결국 이와 같은 교육 메커니즘이 원활하게 작동되어야 학생 개개인의 유의미한 학습이 진행되고 그를 통한 성장이 이루어질 수 있으며 교육체제의 생산성도 향상될 수 있다.

[표 2] 대립하는 관점의 스펙트럼. 나는 어디에 서 있는가?

| 효율
패러다임 | 집권 ←→ 분권
획일 ←→ 다양
총알 ←→ 나비
고속도로 ←→ 오솔길
text ←→ context
도구주의 ←→ 본질주의
속도 ←→ 방향
효율 ←→ 성장
계량적 ←→ 질적
형식 ←→ 내용
하향식 ←→ 상향식
공급자 중심 ←→ 수요자 중심
표준화 ←→ 다원화
경직성 ←→ 유연성
평면적 ←→ 입체적
기계적 ←→ 유기체적
소비적 지식 ←→ 생산적 지식
외재적 동기 ←→ 내재적 동기
상대적 수월성 ←→ 절대적 수월성
규정 ←→ 규범
고정적 마인드 ←→ 성장적 마인드
집단 중심 ←→ 개인 중심
투입 중심 ←→ 과정 중심 | 성장
패러다임 |

사람은 정해진 모형에 따라 정해진 일을 해내는 '기계'가 아니라, 자신을 살아 있는 존재로 만들어 주는 내면의 힘을 따라 사방으로 성장, 발전해 나갈 수 있는 '나무'이다.[2]

교육 문제 해결을 위한 대안으로서의 '성장 패러다임'을 존 스튜어트 밀의 문장만큼 함축적으로 표현한 글은 없을 것이다. 사람이 성장해 나가는 궁극적인 동력은 결국은 자기 내면의 힘이며, 이 힘을 키워주는 것이 교육의 본질적인 목적이라고 할 수 있다. 우리가 적용해야 할 성장 패러다임은 바로 이와 같이 사람들 내면의 힘을 키우는 데 기여하는 사고방식, 아이디어, 행동 원리들의 총체라고 할 수 있으며, 하나하나 살펴보면 서로 상호보완적이며 일관된 생각의 흐름과 궤도에 놓여 있다고 생각한다. [그림 2]와 [표 2]에 제시된 성장 패러다임이 그러한 생각들이며 이에 대해 좀 더 살펴보고자 한다.

가. 성장과 변화

교육과 학습의 목적은 개개인 학습자의 성장이므로 교육의 제반 조건은 성장을 극대화하는 데 초점이 맞추어져야 한다. 이를 위해서는 성장의 조건에 대한 깊은 지식과 이해가 필요하고 그 조건을 충족시킬 수 있는 역량을 바탕으로 실천이 이루어져야 한다. 학교를 포함한 교육체제는 이를 위한 방향으로 변화하여야 한다. 그러나 현실적으로는 이를 저해하는 힘들이 작용하고 있으며 다양한 요소들이 이에 결부되어 있다.

'교육 소외'는 학습자가 충분하고 적절한 성장의 기회를 얻지 못하는 현상을 말한다. 즉, 학습권이 제대로 실현되지 못하는 것이다. '교육 불평등'은 이러한 기회가 공정하게 주어지지 못하고 차별이 존재하는 것을 말한다. 필자

---

2   Mill, J. S. (2020).《자유론》. 141쪽.

는 전자를 절대적 교육 소외, 후자를 상대적 교육 소외라고 부른다. 이러한 교육 소외를 극복하기 위한 노력이 곧 '교육복지'이며, 이는 이미 1995년 5월 31일에 정부가 발표한 소위 5.31 교육개혁안이 주창한 '누구나 언제 어디서든지 원하는 교육을 받을 수 있는 교육복지사회'를 만들기 위한 노력이기도 하다. 성장을 위한 교육의 훌륭한 목표는 이미 오래전에 제시되었으나 우리의 실천 수준이 아직 그에 못 미치고 있음을 말해주는 것이다.

학교와 교육체제가 성장 지향 교육을 제대로 수행하지 못하는 주된 요인으로 형식주의의 문제를 앞서 논하였다. 우리가 원하는 '변화'를 진짜 변화가 아니라 '가짜 변화', '말로만 변화', '문서상의 변화'로 만들어 버리는 현상이 바로 형식주의이다. 형식주의는 자기 과업에 의미를 부여하기 어려운 상황에 놓인 사람들이 보이는 문화적 행동이라고 하였다. 개인 차원의 문제라기보다는 집단적, 구조적 차원의 문제라고 보아야 한다. 결국 의미 부여를 어렵게 하는 집단적, 구조적 요인이 문제가 되는 것이다.

교육 소외의 문제 역시 그 본질은 학습자가 유의미한 학습경험을 갖지 못한다는 것이며 그 원인은 다양하고 복합적으로 작용한다. 일반적으로 개인적 요인과 환경적 요인이 결합하여 나타난다고 할 수 있는데, 그 요체는 역시 의미의 상실이라고 할 수 있다. 교육 내용, 교육 방법, 교육환경 등으로부터 소외된 학습자가 겪는 '의미 상실'은 성장을 저해하는 교육 소외의 핵심이며, 이 문제를 극복하지 못하는 한 교육의 실패는 이미 예약된 것이나 마찬가지이다.[3]

개개인 학습자의 유의미한 학습경험을 통한 성장과 이를 효과적으로 지원

---

3 김인희 (2019).《교육복지와 학교혁신》등을 참고하시기 바란다. 지난 15년간 교육복지에 대한 논문과 책을 쓰고 강연을 해왔다. 이 책에서는 교육복지에 대한 자세한 내용을 설명하지는 않을 것이다.

할 수 있는 학교의 진정한 변화를 가능케 하는 키워드는 '의미 부여'임을 우리는 이해해야 하며, 의미 부여에 대한 좀 더 깊은 고찰이 필요하다고 생각된다.

나. 의미 부여

사람은 의미를 먹으며 살아간다. 우리는 살면서 만나게 되는 모든 것으로부터 의미를 찾으려 하나 항상 이에 성공하는 것은 아니다. 의미 없는 삶의 굴레 속에서 벗어나지 못하는 사람들도 많다. 의미를 찾지 못하는 상황 속에 놓여 있는 모습을 '소외'라고 부른다. 학습자가 학습으로부터 의미를 찾지 못하는 현상을 '학습 소외' 또는 '교육 소외'라고 부를 수 있다. 학생뿐만 아니라 교사도 소외 상황에 놓일 수 있다. 우리 학교의 형식주의 문제가 심각할수록 교사가 겪는 소외도 심해지는 것이다. 자신이 하는 일에서 의미를 찾기가 어려우므로 형식적으로 일을 수행하게 되고 학교에는 형식주의가 통용되는 것이다.

의미가 있다는 것은 가치와 효용이 있다는 것을 말한다. 의미가 있고 없고의 판단은 기본적으로 주관적인 것이며 개인의 욕구와 관계되지만, 그 평가의 기준은 사회적으로 형성되는 측면도 크다. 개인이 속한 집단이 공유하는 가치는 문화의 중요한 구성 요소이며 문화적 학습에 따라 형성되고 습득된다. 자유, 평등, 정의와 같은 민주사회의 기본 가치도 문화적 가치이며 개인의 삶 속에서 의미를 부여하는 기준으로 작용한다.

의미의 기준이 사회적으로 형성되는 면이 크더라도 의미 유무의 궁극적 판단은 개인 차원에서 이루어진다. 개인의 천성적인 욕구와 후천적으로 학습된 사회적 욕구는 의미 유무 판단의 실제 기준이 된다. 이를 Maslow, Herzberg,

Alderfer 등이 논한 '동기(motive)'라고 부를 수 있을 것이다.[4] 그렇게 보면 의미 부여는 동기부여(motivation)와 유사한 개념이라고 할 수 있다. 그러나 분명한 차이점이 있다. 동기 이론이 개인이 지니는 욕구와 그 욕구를 충족시킬 수 있는 조건과의 관계 규명에 초점을 두는 데 비하여, 의미 부여는 의미의 형성 과정 그리고 개인의 욕구가 충족되어 의미 부여가 이루어지는 사회적 과정과 상황적 맥락에 관심이 주어진다고 할 수 있다. 어떤 의미 부여가 이루어지는가를 이해하기 위해서는 그 사람이 지닌 동기뿐만 아니라 그 사람이 어떤 인식구조를 지니며 어떤 상황 속에서 어떤 경험을 거치고 있는가를 들여다보아야 한다.[5]

결국 의미 부여는 개인의 욕구와 그가 놓여 있는 사회적 상황이 일치할 때 가능한 것이며, 의미의 상실 역시 개인이 처한 사회적 상황에서 비롯되는 것이라고 할 수 있다. 학생과 교사들이 의미를 상실하여 소외와 형식주의에 빠진 학교에서는 의미 있는 교육을 통한 학생의 성장을 기대하기 어려우며, 학교가 이러한 문제를 개선하기 위해 스스로 의미 있는 변화를 시도하는 것조차 쉽지 않다. 여기서 제시하는 성장 패러다임은 이와 같은 문제를 극복하고 학생과 교사의 의미 부여를 도와 '성장을 위한 교육, 변화하는 학교'를 가능케 하는 현실 인식, 사고와 행동의 틀을 제공한다고 할 수 있다. 여기서 의미 부여를 가능케 하는 사회적 조건이 곧 우리 교육이 추구하고 실현하여야 할 교육의 모습이며, 그것은 교육과 평가의 방식, 교육이 이루어지는 과정에 대한 접근법, 교육을 실시하는 근본적 동기에 관한 기본 인식 등과 관련되는 것이다.

---

4 Maslow는 욕구단계설, Herzberg는 동기-위생 2요인 이론, Alderfer는 ERG(존재 · 관계 · 성장 욕구) 이론을 제시하였으며 인간 욕구의 내용과 관계를 각각 설명하고 있다. 동기부여 이론 참고.
5 김인희 (2019).《교육복지와 학교혁신》. 174쪽.

다. 교육 방법과 평가

우리 교육의 방법적 문제는, 학습이 생성적, 확산적인 탐구의 과정이 되지 못하고 주어진 틀 속에서 정해진 답을 찾아내는 수렴적, 환원적 과정이 된다는 점, 학습자가 탐구의 능동적 주체가 되지 못하고 수동적으로 된다는 점, 학습량과 시간에 쫓겨 내용에 깊게 다각적으로 접근하지 못한다는 점, 시험 준비를 넘어 더 큰 학습의 의미를 부여하지 못한다는 점, 학습이 즐거움이 되지 못하고 의무가 되어 버린다는 점 등이라고 생각되며, 이러한 이유로 문제 해결, 비판, 토론, 대화, 창의, 융합, 체험, 성찰, 자율, 협력, 생산적 지식, 다양한 해법 등의 가치 있는 학습 요소들이 활성화되지 못하고 있다는 것이다.

이러한 문제점에 대한 해법을 한 가지로 제시하기는 쉽지 않다. 효율 패러다임에 따른 방법적 특성들의 문제를 파악하고 위의 바람직한 요소들을 방법적으로 녹여내는 작업이 현실적인 해법이 될 것이며, 버려야 할 특성들은 성적 지상주의, 맹목적 정답 찾기, OX식 접근, text에 갇힌 평면적 학습, 속도의 지나친 강조, 주입식의 기계적 학습, 소비적 지식 관점 등이라 할 수 있다. 앞에서 논의한 바와 같이 이들은 모두 서로 밀접하게 연관된 요소들이다.

가르치는 교사가 효율 패러다임의 문제점을 인식하고 성장 패러다임에 기초하여 자신의 교육관을 정립하고 교육활동을 새롭게 디자인하여 실천에 옮기는 노력을 하지 않으면 이러한 방법의 전환은 이루어질 수 없다. 물론 이는 교사 개인의 노력만으로 온전히 실행에 옮길 수 있는 것은 아니다. 학교의 교육 운영 전반의 변화가 이루어져야 가능하다. 지금의 혁신학교가 실행하고 있는 교육혁신 노력은 이러한 차원에서 어느 정도 의미를 지닌다고 할 수 있다. 다만, 현장에서 실천하고 있는 교사와 학교, 이를 지원하는 교육행정가들이 여기서 말하는 성장 패러다임에 대한 깊은 이해와 확신에 근거하여 접근하고 있는지는 확인을 해봐야 알 수 있을 것이다. 깊이 있는 철학적 사유 없이 방법적, 기술적 모방에 그치는 교육 변화는 자칫 그 과정에서 왜곡 변형되어 오히려 부작용이 나타날 수도 있음을 인식할 필요가 있다.

학습의 방법이 변하기 위해서는 학습에 대한 평가 방식의 변화가 필연적으로 수반되어야 한다. 그동안의 효율 패러다임에 근거한 교육평가는 획일적, 외재적 틀에 의존하고, 계량적, 가시적, 피상적인 차원을 강조하며, 과정에 대한 평가를 경시하여 결과적 실패는 제로(無)를 의미하고, 상대적 수월성을 중시하는 등의 특성을 보였으며, 이러한 평가 방식은 성장 지향 패러다임의 학습 방법과 부합되지 않는다. 새로운 교육평가는 학습의 양적 차원뿐만 아니라 질적 차원, 가치 창조 등을 중시하고, 실패는 성공에 이르는 과정임을 존중하여 학습의 과정을 평가할 수 있어야 하며, 절대적 수월성과 개인의 독창성을 평가에 반영하여야 한다.

라. 교육의 과정

우리 교육은 학습의 성과에 집착하는 데 비해 학습이 이루어지는 과정에 대해서는 상대적으로 무관심한 경향이 있다. 과정을 경시하게 되면 성과를 올리기 위해서는 당연히 투입의 중요성이 커지게 된다. 학습의 생산성은 투입만이 아니라 과정에 의해서도 크게 좌우될 수 있다는 사실을 간과하게 된다. 이러한 현상은 비단 학생의 학습뿐만 아니라 학교 교육의 전반적인 운영과 이에 직접 영향을 미치는 교육행정 및 정책에서도 동일하게 나타난다. 교육의 성과를 높이기 위해서는 투입(아이디어, 시간, 노동, 예산 등) 요인을 강화하는 것이 중요하다고 생각하는 데 비해 교육정책이 집행되는 과정이 중요하다는 인식은 상당히 부족하다. 과정에 대한 과잉 단순화 및 상대적 무관심은 교육정책의 생산성을 떨어뜨리는 중요한 요인이 되고 있음을 부인하기 어렵다. 결국 변화의 과정에서 지켜져야 할 '변화의 본질'에 대한 진지하고 체계적인 연구가 미흡하다고 볼 수 있으며, 변화의 과정에 대한 지식과 이해의 부족 현상으로 귀결된다. 물론 여기에서 성과의 지표를 무엇으로 설정하였는가의 이슈도 상당한 연관성을 갖는다. 성과의 지표를 학생의 성장이라는 본질적인 지표로 설정하였다면 학습(변화) 과정의 중요성은 더욱 커질 수밖에 없으나, 만일 가시적이고 피상적인 지표를 설정하였다면 변화 과정의 중요성은 전자보다 경시될 것이다.

여하튼 학습의 과정은[6] 학습자의 관점에서 볼 때 학습경험의 재해석, 재창조의 과정이라 할 수 있다. 이 과정에서 의미 부여가 이루어지고 지적, 정의적으로 학습자 내면의 변화가 일어나면서 성장이 이루어진다. 이는 매우 주관적이며 질적이고 역동적인 과정이다. 학습의 성과는 이른 시간 안에 나타나는 경우도 있겠지만 이와 달리 상당한 시간 동안 축적과 성숙을 거쳐 나타날 수도 있다. 시간의 흐름에 따른 학습 성과의 궤적은 단순 선형의 직선만이 아니라 다양한 모양의 곡선일 수도 있고 정지기와 도약기가 반복되는 계단형일 수도 있다.

이와 같은 학습의 과정에 대한 관점을 바탕으로 교육 변화 및 학습 과정을 설계하게 된다면 학습자 하나하나의 주체성과 개성은 자연스럽게 존중될 수 있을 것이다. 학습의 질적 과정이 중시되면 학습의 유의미성이 살아날 수 있는 더 나은 조건이 만들어질 수 있다. 더 나아가 학습과 변화 과정의 본질에 대한 이해가 깊어지면 우리 사회의 교육적인 노력 전반의 효과성과 생산성이

---

6 여기서 학습은 학생의 학습을 의미할 뿐만 아니라 교육정책이 추구하는 교육 변화의 본질은 변화 주체의 학습을 필수 요소로 한다는 점에서 '변화의 요소로서의 학습'까지 넓게 포함하여 사용한다.

향상되는 성과를 기대할 수 있을 것이다.

마. 교육의 동기

왜(why), 무엇을 위해(for what) 학습을 하는가는 무엇을(what), 어떻게 (how) 학습하는가보다 학습효과에 더 큰 영향을 미칠 수도 있다. 학습 동기가 학업성취도에 미치는 영향이 지대함은 이미 상식이라고 할 수 있다. 학업 부진 학생을 지도하는 교사들의 가장 큰 고충은 학생의 학력 부족보다도 낮은 학습 동기라고 한다. 동기의 높고 낮음뿐만 아니라 어떤 목적과 전제를 가지고 학습에 임하는가의 문제 역시 중요하다고 할 수 있다. 성장 패러다임에서 중요한 부분은 집단주의, 평균주의 관점에서 벗어나 학습자 개인의 고유성, 특수성을 중시한다는 점이다. 또한, 외재적 동기보다도 개인의 내재적 동기가 중요하며, 이를 위해 학습자에게 보다 많은 선택의 기회가 주어지는 것이 중요하다. 고정적 마인드에서 벗어나 성장 마인드가 바탕이 되어야 하며, 이는 재능 선천성에 대한 맹신에서 벗어나 뇌의 가소성에 대한 믿음을 갖는 것과 연관된다. 또한 누구나 자신의 잠재 역량을 최대로 발휘하는 보편적, 절대적 수월성 추구 역시 성장 패러다임의 중요한 요소가 된다. 이를 위해서 극복해야 할 기존 효율 패러다임의 동기 요소들은 도구주의, 외재적 동기, 집단 중심, 평균주의, 일반화, 보편성, 선별적·상대적 수월성, 차별, 고정적 마인드 등이라 할 수 있다.

결국 교육 동기의 요체는 학습자 스스로 학습에 의미를 부여하고 자신의 특성에 맞는 학습경험을 가져 잠재 역량을 최대한으로 개발하고 발휘할 수 있는 그런 교육이 되어야 한다는 '생각' 또는 '믿음'이 근본적으로 바탕이 되어야 함을 의미한다.

바. 조직문화

교육활동이 이루어지는 학교라는 교육조직이든 학교를 지원하는 행정, 정책 기능이 이루어지는 교육행정조직이든 조직들은 그 나름의 조직문화를 지닌다. 조직문화는 그 조직구성원들이 공유하는 사고방식과 행동양식의 총체라고 할 수 있다. 이는 그들이 과업을 수행하고 문제를 해결해 나가는 해법(solution)으로서 기능을 수행한다. 사람들은 문화를 형성하지만, 거꾸로 그들의 사고와 행동은 문화에 의해 지배되고 있다고 말할 수 있다. 문화는 그 자체로 보수성을 지녀 한번 형성된 문화를 바꾸는 것은 쉬운 일이 아니다. 현재 조직구성원들이 당면하는 문제를 잘 해결해 주고 있다면 굳이 그 문화를 바꿀 필요가 없는 것이다. 반대로 그동안 잘 기능하던 문화가 더 이상 현실적인 문제해결력을 발휘하지 못한다면 문화가 바뀌어야 할 이유가 생기는 것이다. 그렇다고 해도 문화는 관성을 지니고 있어서 하루아침에 바뀌지는 않으며 시간이 걸리게 된다. 급하게 서두를수록 저항과 충돌, 갈등이 커지게 된다.

성장 패러다임의 교육이 실행되기 위해서는 교육의 공간인 학교조직의 문화가 이와 궤를 같이하여 지지가 이루어져야 한다. 학교의 전반적인 운영은 효율 패러다임을 따르고 있는데 교실에서 성장 패러다임의 교육을 실천하는 것은 쉬운 일이 아니며 원활하게 실행되기도 어렵다. 이는 마치 컴퓨터의 운영 체제(operating system)와 맞지 않는 소프트웨어를 설치하여 작동시키려는 것과 유사하다. 주류문화와 상충하는 사고나 행동은 그 사회에서 좋은 평가를 받을 수 없고, 적응하기도 어려우며 '비정상' '부적응'이라는 소리를 듣는 것이 보통이고 주위로부터 호응과 지지를 얻기도 어렵다.

성장 패러다임의 조직문화를 형성하는 일은 어렵기는 하지만, 성장 패러다임의 교육을 할 수 있는 가장 강력한 토대를 마련하는 길이기도 하다. 그 문화적 요소들은 개방성, 유연성, 다양성, 인간 존중, 존엄, 의미 충실, 자율, 참여, 협동, 신뢰, 투명성, 의사소통, 관계 중시 등이며, 이는 곧 조직의 과업 수행을 위하여 조직구성원들의 잠재 역량을 최대한으로 발휘할 수 있도록 그 정신적, 심리적 토대를 구축하는 의미를 지닌다고 할 수 있다. 반대로 극복되어야 할 요소들은 폐쇄성, 경직성, 획일성, 인간의 수단화, 능률, 질서, 안전, 형식, 절차, 규정, 수직적 위계, 복종, 순응 등이라 할 수 있다.

사. 운영시스템

운영시스템이란 하나의 조직을 작동시키는 공식, 비공식의 사회적 소프트웨어(social software)라 할 수 있다. 조직문화의 개념 속에 운영 체제를 포함할 수도 있겠으나, 문화의 인지적, 의식적, 비공식적 차원을 강조하는 경우 운영 체제는 보다 제도적, 행동적, 공식적인 측면에 비중이 주어진다고 할 수 있겠다. 조직 운영이 민주적이냐 권위적이냐, 집권적이냐 분권적이냐, 상향식이냐 하향식이냐 등의 물음은 운영 체제의 영역이라고 할 수 있겠다. 학교 운영이 관료제적이냐, 공동체적이냐의 질문도 이에 해당한다. 결국 운영 체제란 조직구성원들이 공식적으로 업무를 수행해 가는 방식이다. 업무와 관련된 의사소통, 의사결정, 과제 수행, 업무평가, 갈등관리, 대외관계, 조직의 생존과 발전 전략 등 여러 가지 세부 영역들이 이에 관련된다. 이와 같은 요소들은 서로 유기적으로 결합하여 전체적인 운영 체제의 모습을 형성하며 조직구성원의 업무의 내용과 수준에 지대한 영향을 미친다.

성장 패러다임 사고에 부합되는 운영 체제의 방향은 민주적, 분권적, 상향식, 유연성, 공동체성, 수요자 중심, 자기혁신, 공간 확장, 맥락, 생태주의 등이며 반대로 극복되어야 할 요소들은 권위주의, 집권적, 하향식(top-down), 관료주의(위계성, 경직성, 형식주의, 할거주의 등), 공급자 중심, 표준화, 계량주의, 지나친 합법성 집착 등이다.

3. 미래의 교육환경

미래의 교육 조건에 대비해야 하는 우리 교육에 있어 아마도 가장 중요한 조건은 학생들에 관한 조건일 것이다. 미래의 학생이 100년 전, 50년 전, 현재의 학생과 다르다면 그 차이점에 대한 고려가 당연히 있어야 할 것이다. 이미 나타나고 있는 미래 학생들의 특징으로 '디지털 네이티브'를 들 수 있을 것이다. 이 절에서는 이를 기본 전제로 하여 문명적으로 다가오는 사회, 문화적 변화와 함께 우리 교육이 필연적으로 당면할 것으로 예상되는 이슈까지 종합적으로 고려하여 앞으로 우리 교육이 맞게 될 미래 교육환경을 예측해 보고자 한다.

가. 디지털 네이티브

디지털 네이티브란 무엇을 말하는가? 어려서부터 인터넷과 스마트폰에 노출되어 그것이 기본적인 생활양식을 이루는 세대의 성향을 일컫는 말이다. 이들에게 휴대폰은 도구가 아니라 생활의 당연한 일부이고 이를 떼어 놓고 생활을 이야기할 수 없다. 이들은 인터넷과 스마트폰 없는 생활을 해본 경험이 없어 이전 시기와 자신들의 시기를 스스로 비교하는 것조차 불가능하다.

학습자로서 이들의 특성은 무엇인가? 이들은 이전 세대와 어떤 차이를 지니는가? 이들은 활자화된 텍스트보다는 인터넷상의 자료를 통해 기본적인 정보나 지식을 얻는다. 다른 사람, 세상과의 소통은 카톡, 페이스북, 메신저,

유튜브, 인스타그램 등을 통해 이루어진다. 이메일을 사용하는 것은 이미 구세대이다. 만화는 웹툰을 보고 음악도 멜론이나 다른 음악 앱을 통해 듣고, 영화 감상은 넷플릭스 등을 이용한다. 학교 수업과제는 책을 읽기보다는 주로 인터넷상의 자료를 활용하여 작성한다.

카우치와 타운은[7] 디지털 네이티브들은 콘텐츠 소비자보다는 창작자가 되고 싶은 적극적인 학습자라고 말하며, 이들은 분해하고 재조립하고 있는 대로 그러모아 새로운 것을 만들어내는 방법을 알아내길 좋아한다고 한다. 또한, 이들은 한 곳에서 한 가지 일에 매여 있는 것을 선호하지 않으며, 그들에게 성공이란 목적지이기보다는 여정에 가깝다고 지적한다. 카우치와 타운은 종전의 교육은 테일러의 과학적 관리론 시대의 유물로서 개개인의 학습보다 시스템의 능률에 초점을 맞추어 표준화를 앞세운 방식으로, 디지털 네이티브에 대한 교육력을 상실하였다고 비판한다. 그들은 땜질식 처방에 그치는 교육개혁으로는 교육의 문제를 해결할 수 없으며 교육의 회로 자체를 바꾸어야(rewire) 한다고 주장한다.

디지털 네이티브들의 지식의 넓이와 깊이, 사고력, 창의력, 공감력, 인내력, 문제해결력은 어떠한가? 이전 세대와 비교할 때 어떤 장단점이 있는가? 이들에게 맞는 학습 방법의 조건과 속성은 무엇인가? 온라인 비대면 교육과 AI를 활용한 학습은 앞으로 교육에 어떤 방식으로 접목되고 그 역할의 영역은 어디까지일까? 교육 본질에 비추어 어떤 장단점이 있을까? 디지털 네이티브 세대는 이를 어떻게 받아들일까? 이와 같은 질문들을 생각하며 미래의 교육환경을 살펴볼 것이다.

---

7   Couch & Towne (2020),《교실이 없는 시대가 온다(Rewiring education)》.

나. 코로나 이후의 교육 변화

1) 코로나 사태의 의미

2020년 초부터 전 세계를 휩쓸고 있는 코로나 팬데믹이 교육에 미친 영향과 시사점은 무엇인가? 코로나 사태로 인한 직접적인 충격은 사람들이 모여 대면적인 활동을 할 수 없게 되었다는 점이다. 학교는 학생들과 교직원들이 모여서 과업이 이루어지는 곳인 만큼 그 충격은 매우 크다. 학교가 문을 닫는 경우도 있었고 대면 수업이 중단되어 큰 차질이 발생하였다. 수업뿐만 아니라 학교 안에서 이루어지는 다양한 교육활동(체험 중심 학습, 동아리 활동 등)들이 타격을 입었으며 수업도 대안으로 온라인 원격수업이 도입되었다. 학교에서 이루어지던 방과 후 학습, 돌봄, 상담, 대안 교실 프로그램 등 다양한 교육복지적인 기능들도 대폭 중단, 축소되어 이들 서비스의 도움을 받던 학생들이 큰 피해를 보기도 하였다.

이와 같은 유례없는 상황은 학교가 수행하는 기능의 중요성을 환기시키는 계기가 되기도 하였으며, 온라인 원격수업의 전면적 실시를 통하여 IT 기술을 활용한 수업의 도입을 촉진시키고 이에 관한 교사와 학교의 역량을 신장시키는 계기가 되는 등 긍정적 요소가 없지 않았으나, 무엇보다도 전대미문의 혼란 상황에서 제대로 적응하지 못한 학생들에게는 심각한 교육 소외 현상을 초래하였다는 문제가 있다.

온라인 수업을 하는 경우 초등학교 저학년이나 학력 부진 학생, 특수학교 학생들과 같이 집중력이나 자기 통제력이 떨어지는 학생들은 제대로 수업을 듣기 힘들다는 문제가 있고, 이 경우 옆에서 학부모가 보조를 해줄 수 있는가에 따라 수업 충실도에 차이가 날 수 있으므로, 학생의 가정 내 학습 여건 차이에 따라 학업에 격차가 발생하는 새로운 문제가 나타난 것이다. 결국 교육적으로 취약한 학생들이 이러한 위기 시에 더 큰 피해를 보게 된다는 교육격차 확대의 문제가 확인된 것이다.

학교뿐만 아니라 지역의 공공 교육복지기관 등이 모두 문을 닫음으로 인해 학생들과 학부모들이 큰 어려움을 겪는 등 가정과 민간의 교육복지 역량에 따라 위기 대응 능력에 큰 차이가 나타나게 되었다. 가정이 학생을 돌보고 학습을 지원 관리할 수 있는 능력을 지니는 경우 학생의 학업 피해는 최소화될 수 있으며 그 반대의 경우도 성립한다. 지역사회 역시 다양한 주체들이 자체적인 교육복지 지원 인프라를 구축하고 가동시키는 경우 지역 아동들의 학습과 돌봄의 피해를 줄일 수 있으나, 그 역량과 여건은 지역에 따라 큰 차이가 있게 마련이다. 이번 코로나 사태는 이와 같은 가정 간, 지역 간 교육복지 역량의 격차를 확인하는 계기가 되었다.

비대면 온라인 수업의 전면 실시는 교실이라는 물리적 공간에 갇힌 종래의 교육 방식에 관한 의문을 확대하는 계기가 되었으며, 이는 교사와 학교의 역할과 역량에 대한 성찰과 재정립에 대한 요구까지도 연결될 수 있다고 본다. 즉, 이번 사태는 학교 교육의 한계와 함께 새로운 가능성에 대한 인식을 높이는 기회가 되었으며, 이는 특히 디지털 기술의 활용을 포함한 교육의 방법적 혁신과 그 환경 구축에 관련된다고 볼 수 있다.

요컨대, 코로나 사태는 기존 교육체제의 한계와 함께 새로운 교육혁신의 방향과 필요성에 대한 우리의 성찰과 대응을 촉진하는 차원에서 강력한 영향을 미쳤다고 생각한다. 여기서 대두된 큰 주제는 교육 방식의 혁신과 교육 기회의 공정성 확보라고 생각된다. 결국 학생들의 학습효과를 최대화할 수 있는 방식이 무엇인가를 찾는 동시에 학생의 사회적 배경과 관계없이 '동등한 실질적 교육 기회를 누릴 수 있는 교육 조건을 어떻게 구축할 것인가'의 문제로 귀결된다고 본다. 이들 주제는 제1부 Ⅱ장에서 우리 교육의 정당성의 논거를 살펴보기 위해 다루었던 교육의 효율성, 형평성, 효과성에 해당하는 바로 그 주제들이다. 앞으로 제시하게 될 미래 교육의 조건들도 결국 이 주제들로 귀결되는 것은 당연하다.

2) 코로나 이후의 교육 변화 방향

지식생태학자 유영만은 코로나 이후 교육 방식 변화의 방향을 다음과 같이 열 가지로 제시하고 있다.[8]

① 계획 vs 우연: 각본대로 되지 않을 때 많은 배움이 우연히 일어난다.
② 질서 vs 혼돈: 진정한 창조성, 자극, 인간성은 삶의 무질서한 부분에서 나온다.
③ 단순 vs 복잡: 복잡한 것을 단순하게 만드는 노력은 단순하지 않다.
④ 결과 vs 과정: 과정을 알아야 결과가 빛난다.
⑤ 문제 해결 vs 문제 제기: 전대미문의 문제를 제기하는 문제아가 세상을 이끌 것이다.
⑥ 접촉 vs 접속: 접속 없는 접촉은 진정한 접목으로 연결되지 못한다.
⑦ 재미 + 의미: 재미있으면서 의미까지 심장에 꽂혀 의미심장해진다.
⑧ 방법 vs 방향: 방법을 가르치지 말고 방향을 가리켜라.
⑨ 앎과 함과 삶: 앎은 효과적인 행위이자 어제와 다른 삶이다.
⑩ 행위자와 행위: 사물도 사람에게 영향을 행사하는 행위자다.

유영만이 제시한 키워드와 배경 아이디어는 앞에서 우리가 논의한 효율

---

8   유영만 (2020). 코로나 이후 바람직한 교육의 변화 방향.

패러다임과 성장 패러다임의 비교와 대체로 유사하다. 이미 상당 부분은 앞에서 설명이 되었으므로 여기에서 되풀이하지는 않을 것이다. 결국 가장 중요한 아이디어는 학습자의 주체적, 능동적 학습경험을 제공하는 것이며 이를 위해서는 학습에 대한 의미 부여가 학습자 스스로 일어나야 하는바, 그러기 위해서는 학습의 과정이 기계적, 수동적 정답 찾기에서 벗어나 적극적 문제 제기와 탐구라는 생성적 사고의 과정을 거쳐야 한다는 것이다. 이러한 학습이 활성화되기 위해서는 교실 공간에서 벗어나 학생의 배움과 삶이 혼용되고, 학생이 경험하는 삶의 공간의 모든 요소가 학습에 영향을 미친다는 행위자 네트워크 이론이 강조된다. 이는 특히 성장 패러다임에서 중시하는 학습에 대한 생태주의적 접근과 일맥상통하는 면이 있다고 본다.[9]

또 다른 미래 교육의 전망을 소개하자면 아래 표와 같다.

[표 3] 현재 교육과 미래 교육의 비교

	현재 교육/현재 학교 (2차 산업혁명시대 수준)	미래 교육/미래 학교 (3, 4차 산업혁명시대에 적합한 학교)
학교에 대한 인식	학교는 공장형 대량생산 모델	학교는 모든 개인의 욕구와 필요, 능력과 수준을 고려하여 개별화된 맞춤형 주문생산식 모델로 발전
	효율성 측면에서 학교는 커도 문제가 되지 않음	작고 안전한 학교
학생에 대한 인식	학생은 미성숙한 개체이므로 지도, 감독해야 함	학생은 인격을 가진 개인으로, 또한 전체의 일원으로 사회에 기여할 수 있도록 교육
교과목 접근 방법	일련론적, 나열적 접근 (serialist approach)인 개별 교과목적 접근을 함	전체론적 접근(holist approach)인 STEAM 등 통합 교과목적 접근을 함

---

9 생태주의 접근에 대해서는 163-166쪽 참조.

	현재 교육/현재 학교 (2차 산업혁명시대 수준)	미래 교육/미래 학교 (3, 4차 산업혁명시대에 적합한 학교)
학습에 대한 이해	learning by reading (아는 것을 시험에서 보여줄 수 있으면 되기 때문에 체험을 통해 체화할 필요가 없음)	learning by reading and doing (아는 것을 말과 글, 다양한 매체를 통해 표현하고 전달, 설득하는 것을 중요하게 생각하므로 체험을 통해 체화하는 것이 중요함)
	표층 학습(surface learning): 많이 아는 것이 중요 (ㅡ 자형 학습)	표층+심층 학습(deep learning): 많이 알고, 깊이 알고, 새로운 산출물을 만들어 낼 수 있는 창의적인 능력의 개발이 중요 (T 또는 工 자형 학습)
	피상적인 겉핥기식 탈맥락적 학습 (decontextualized learning)으로 단순 지식의 암기 방법이 효과적임	전후좌우 맥락을 알게 해 주는 맥락적 학습 (contextual learning)이 중요하며, 깊은 이해를 할 수 있도록 해 주는 story telling이 효과적인 학습방법임
사고에 대한 이해	맥락이 중요하지 않으므로 일상생활이나 사회와 분리된, 탈맥락적 학습을 해도 알기만 하면 되므로 맥락적 사고를 하기 어려움	일상생활과 관련시켜 사회의 다양한 맥락과 다양한 이해관계를 꿰뚫어 파악하는 맥락적 사고(contextual thinking)를 할 수 있게 해 줌
	개체적인 지식과 사실을 암기하고 재생 산하는 것이 중요하므로 시스템적 사고 (system thinking)가 특별히 중요하지 않음	전체를 구성하고 있는 크고 작은 시스템이 개별적으로, 또한 서로 연관되어 작동하는 메커니즘을 이해하는 시스 템적 사고(system thinking)가 중요함// 또한 주어진 시스템을 넘어서는 탈시스템적 사고도 중요함
수업 방식	일방적인 전달 중심의 강의식 교수와 학습	"심층 학습"이 가능한 프로젝트 수업(project, problem-based learning) 등 다양한 수업 방식
평가 방식	객관적 인식이 중요 (modern식 사고) 선다형 평가 등 객관식 양적 평가 강조	주관적 인식이 중요 (postmodern식 사고) 수행 평가 등 주관적 질적 평가 강조

자료: 김태완(2015). 미래학교 도입을 위한 기본설계 구상, 한국교육개발원, 이슈페이퍼 2015-01-8

한편, 한국교육개발원이 미래 교육의 변화를 예측한 내용을 보면 교육체제
의 운영 패러다임이 다음과 같이 바뀌어 갈 것으로 전망하고 있다.[10]

• 체제와 학제: 유연한 평생학습 체제 - 평생 학습자로서의 학습 역량을

---

10   김경애 (2016). 2035 미래교육시나리오 : 초 · 중등교육을 중심으로(한국교육개발원 이슈페이퍼).

배양

- 거버넌스: 협력적 지방자치 강화 – 다양한 외부 전문가, 이해관계자의 교육 참여
- 인간상과 지식관: 인간의 고유한 본질, 글로벌 직업 창출인, '유' 자형 학습자[11]
- 학교 기능: 아동 · 청소년을 위한 종합 서비스의 구심점
- 학습 과정과 평가: 학생별 진로를 지원하는 개별화된 학습 과정
- 학습 방법: 주제 중심 프로젝트 기반 협력학습, 인터넷, AI 활용 학습 확대
- 교직원: 교육 역할 세분화와 학교 구성원의 다양화
- 교육 공간: 트랜스포머 스마트 학습공간, 학습공간의 확장 및 연결성
- 연계 체제: 지역 연계 및 교류 강화
- 학습생태계: 학습 복지사회

이와 같은 미래 교육의 전망은 단지 학습 방법의 기술적인 변화 정도에 그치는 것이 아니라, 교육의 목적으로서 인간상의 재정립에 바탕을 두고, 학습자 중심으로의 교육 패러다임 전환과 함께 학습의 개념과 그 과정을 보는 시각, 학교를 비롯한 학습공간과 학습생태계의 역할 재정의와 재구조화 등에까지 폭넓게 접근하고 있다. 이러한 포괄적이며 체제적인 변화는 결국 세상과 교육에 대한 근본적 패러다임 전환이 전제되지 않으면 불가능한 것이다. 이

---

11 '유' 자형 학습자는 새로운 인간상으로 제시되는 것으로서, 'ᄋ'는 타인과 협업할 수 있는 의사소통 역량을 갖춘 인간성을 의미하며, 'ᅟᅵ'는 2~3개 분야에 대해서는 깊이 있게 파고들어 가면서 지속해서 학습하는 학습자를 의미하고, 'ᅳ'는 사회의 여러 가지 맥락을 넓게 파악하면서 자신의 지식을 연결시킬 수 있는 역량을 의미한다. 즉 원만한 소통 능력, 깊은 탐구심, 폭넓은 융합력을 지닌 학습자를 의미한다.

는 단지 종전 패러다임의 결함과 한계를 치유하기 위한 필요성 때문만이 아니라, 문명사적 흐름의 차원에서 다가오는 미래의 사회환경 변화에 대한 예측이 반영된 전망이라고 할 수 있다. 이러한 미래 변화 전망은 총체적으로 앞서 논의한 성장 패러다임과 상충되지 않으며 상당 부분에서 궤를 같이하고 있다고 본다.

이런 미래에 대응해 나가기 위하여 우리 교육은 얼마나 준비가 되어 있는가? 우리는 대응 역량을 지니고 있는가? 과연 그런 방향으로 순조롭게 진행될 것인가?

4. 한국 교육의 새로운 도약의 길

우리가 미래 특정 시점의 교육 모습을 정형화된 형태로 예측하기는 어려우며, 미래로 가는 길은 정해져 있는 것이 아니라 끊임없이 변화하고 있는 역동적인 과정이라고 보아야 한다. 단지, 변화의 방향과 경향, 그 강도 수준 정도만을 예상해 볼 뿐이다. 그것이 다가오는 속도도 정확하게 예측하기 어렵다. 어떤 부분은 생각보다 빠르게, 어떤 부분은 느리게 다가올 수도 있다. 또한, 미래로 가는 과정과 경로는 이미 정해진 것이 아니라 상당 부분은 우리의 의지와 실천을 통해 우리 스스로가 만들어가는 것이다.

지금까지 이 책에서 우리 교육의 문제를 파악하는 데 치중한 나머지 혹시 독자께서 우리 교육이 문제로 가득 찬 후진적인 교육이라고 보지는 않으실지 모르겠다. 당연히 그렇지 않다고 생각하며, 객관적인 자료에 근거할 때 한국 교육은 세계적으로 선진적인 위치에 놓여 있다고 볼 수 있다. 학생들의 학력,

교사의 자질, 학부모의 교육적 지원, 교육투자 규모 등 매우 중요한 교육지표에 있어서 세계적으로 높은 수준을 보이는 것이 사실이다.

세계의 많은 나라는 바로 이들 항목에서 구조적, 고질적 취약성을 보일 뿐만 아니라 단기간에 개선되기도 어려운 영역에 해당한다. 이들 요인 중 어느 하나도 단기간에 쉽게 개선될 수 있는 것이 없다. 그만큼 한국 교육이 엄청난 강점을 지니고 있다는 말이 되며, 이에 대해서는 자부심을 가질 만하다. 여기에 한국인의 우수한 두뇌, 근면성, 은근과 끈기, 신바람 문화, 위기 대처 능력, 학문 숭상 풍토, 정보화 역량, 문화적 감수성, 노마드 기질[12] 등을 가세시키면 그 국민적 파워, 국제경쟁력은 실로 엄청날 것이며 앞으로 더욱 뻗어 나갈 것으로 생각된다.[13] 제2차 세계대전 종전 후 독립한 국가 중 세계에서 가장 빠르게 성장한 자유민주주의 국가이며, 국제기구의 도움을 받던 빈국에서 도움을 주는 원조 국가로 전환된 유일한 국가라는 사실 등도 우리 국민이 스스로에게 자긍심을 가져도 되는 충분한 근거가 된다고 본다.

[그림 3]은 세계은행에서 작성한 세계건강도표로서 전 세계 국가의 1인당 국민소득과 평균 수명을 통해 보건 수준을 비교한 것이다.[14] 이는 결국 국가의 사회적, 경제적 수준을 의미하는 것이며 국가 교육의 수준 역시 그 전반적 수준과 크게 다르지 않으리라 추정할 수 있다. 이 지도에서 보면 우리나라는 영국, 스페인, 캐나다, 이탈리아, 뉴질랜드 등이 속한 선진국 그룹에 해당함을 알 수 있다. 70년 전 전쟁 폐허 속의 세계 최빈국으로 평가받던 나라가 지금

---

12 Nomad 기질 – 수평적, 이동성, 유연성, 정보 중시. 소통, 열린 마인드, 융합, 적응력, 도전, 혁신, 변화와 새로움을 두려워하지 않음.

13 최근 미국 유력언론의 세계 국가들의 국력 평가에 의하면 한국의 국력이 종합적으로 8위를 기록하였다고 한다. 우리보다 앞선 나라는 미국, 중국, 러시아, 영국, 독일, 일본, 프랑스 등이다. 우리나라를 약소국이라고 부르던 시절은 이미 오래전에 지나갔다. 통일 이후의 우리 국력은 어떻게 될까?

14 Rosling, H. (2019).《팩트풀니스》.

이러한 위상에 올랐다는 것에 우리 국민은 스스로를 자랑스러워할 충분한 자
격이 있다.

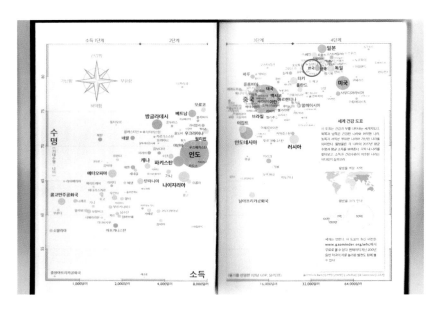

[그림 3] 세계건강도표로 본 우리나라의 위상

그렇다고 해서 우리가 나아갈 길이 여기에서 멈추어도 된다는 것은 아니
다. 선진국들은 그들대로 다음 시대에도 지금의 지위를 유지하기 위해 새로
운 국가적, 사회적 혁신 노력을 기울이고 있다. 4차 산업혁명 시대를 준비하
는 국가 간의 경쟁은 치열하다. 이 경쟁에서 도태되는 국가는 다음 시대에는
선진국 그룹에서 탈락하게 될 수도 있다. 경쟁력 있는 국가가 되기 위해서는
미래의 변화 방향을 제대로 읽고 이에 능동적으로 대처하는 데에 국가적, 사
회적 역량을 모으고 국민이 모두 잠재력을 발휘할 수 있는 여건을 조성하는
노력이 필요하다고 본다. 그중에서도 국민 개개인의 역량을 최대화하기 위하

여 '교육'의 힘을 키우는 일은 핵심 중의 핵심이라 할 것이다.

우리 교육의 강점은 그 자체로 인정하더라도, 우리 교육이 더욱 발전하기 위해서는 앞서 논의한 교육의 효율성과 효과성, 형평성의 문제를 인식하고 이를 개선하여 궁극적으로 교육의 정당성을 높이는 노력이 필요하다고 본다. 가장 확실한 방법은 지금까지의 효율 패러다임을 지양하고 성장 패러다임을 교육 전반에 확대 적용하는 것이다. 이는 우리 교육이 안고 있는 문제의 심층적인 구조와 생태를 파악하고 그에 적합한 변화 전략을 채택한다는 의미를 지니며, 이러한 문제의식과 전략을 국민이 모두 이해하고 공유하면서 힘을 합쳐 실천해 나갈 때 비로소 문제 해결의 돌파구가 열릴 수 있으리라고 생각한다. 어느 특정 집단의 노력만으로는 이 '오래되고 광범위하며 뿌리 깊은' 문제를 결코 해결할 수 없다.

자, 그렇다면 어디서부터 무엇을 변화시켜야 하는가? 과연 변화가 가능하기는 한 것인가? 어느 날 갑자기 바뀔 수 있는 것이 아니라면 어떻게 이를 시작하고 추진해야 하는가? 그 변화의 경로와 과정은 어떠해야 하는가?

첫째, 교육 패러다임 전환의 필요성에 대한 사회적 공감대를 형성하여야 한다.

효율 패러다임의 문제를 인식하고 성장 패러다임을 적용하는 일은 지금까지 우리의 교육을 지배해 온 가치와 사고를 버리고 새로운 가치와 사고를 받아들이는 일이다. 이는 어느 특정 집단, 계층에만 해당하는 일도 아니고 교육과 직간접으로 관련되는 모든 사람에게 해당하는 일이다. 교사와 학교관리자를 비롯하여 교육정책을 담당하고 지원하는 국가 및 지방자치단체와 교육행정가, 학부모와 지역사회, 정치가와 언론, 학계, 기업과 사회단체 등 대부분 사회구성원이 이에 대한 나름의 역할과 책임을 지니고 있다. 다소의 가치관이나 입장의 차이는 있을지라도 효율 패러다임이 교육에 미치는 부정적 영향과 한계, 성장 패러다임이 이에 대한 대안으로서 지니는 실질적 효용 등에 대한 기본적 이해와 폭넓은 사회적 공감대 형성은 변화의 출발점이자 굳건한 토대가 될 수 있다. 여론 형성에 책임을 지는 정부, 국회, 언론방송, 학계, 교육, 문화, 출판계 등이 사회적 공론화와 합의에 이르는 과정에서 적극적인 역할을 할 필요가 있다. 여기에는 제2의 교육입국(立國)이라 할 정도의 사명감과 시대 의식이 요구된다.

둘째, 성장 지향 교육 패러다임의 적용을 위한 사회적 행동 계획을 수립하여야 한다.

정부는 국가 및 지방자치단체의 교육 운영과 이에 직간접으로 연관된 정책 수립과 집행에 있어 성장 패러다임의 적용을 위한 구체적인 전략과 행동계획을 수립하여 시행하여야 한다. 이를 위해서는 정책을 수립하는 단계에서부터 종래의 효율 패러다임에 입각한 가치 기준과 행동 방식 등에 대한 냉철한 검토와 반성이 우선되어야 하며, 그 문제의 구조와 영향 등에 대한 철저한 분석이 이루어져야 한다. 문제에 대한 심층적인 이해가 전제되지 않으면 문제를 해결하기 위한 처방에 오류와 왜곡이 나타날 수 있다. 이와 같은 진단 분석을 바탕으로 체계적이면서 실행이 가능한 구체적 전략과 실천 계획이 수립되어야 한다. 우리가 제1부 Ⅲ장에서 살펴보았던 여러 가지 문제적 이슈들-교육에 대한 관점, 교육 방식, 학교조직, 교육행정과 정책 등-에 대한 대응과 대안적 접근의 유기적이고 통합적인 실행계획이 수립되어야 한다.

셋째, 국민 각자의 역할 인식에 따른 적극적 행동 실천이 필요하다.

우리 국민은 위기 시에 더 강인한 저력과 단합된 힘을 보이는 강점을 지니고 있다. 아마도 수천 년에 걸친 오랜 국난 극복의 역사에서 축적되고 다져진 기질일 것이다. 필자는 우리 교육이 매우 큰 위기를 맞닥뜨리고 있다고 생각한다. 처음부터 문제 제기하였듯이 교육의 문제는 교육계만의 문제가 아니라 우리의 미래를 좌우하는 사회 전체의 문제이다.

Ⅱ
나의 역할은 무엇인가?

1. 교사와 학교관리자

가. 교사의 과업과 성장 패러다임의 적용

교사의 주된 임무는 교육과정에 기초해서 자신의 교과를 가르치는 일이라고 인식되고 있다. 이에 따라, 자신의 교과를 가르치는 능력이 교사의 가장 중요한 역량이라고 알려져 있다. 교육대학교나 사범대학 같은 교원 양성기관의 교육과정에서 가장 많은 시간이 할당되는 부분은 교과 내용 및 교과 교육 영역일 것이며, 학과 자체가 국어교육과, 영어교육과, 수학교육과 등 교과에 따라 구분된다. 그러나 교사는 교과를 가르치는 일 이전에 모두 교사로서의 공통된 과업을 담당하게 된다. 현 제도상 교사는 학교라는 기관에 소속되어 학생을 지도하는 업무를 담당하게 된다. 교사의 직무는 학생을 지도하는 업무와 학교의 구성원으로서 학교 운영을 위해 담당하는 업무로 구성된다. 후자는 소위 교무, 연구, 생활지도, 교육정보화, 진로진학 업무 등으로 구분되는 행정·관리적 업무를 말한다. 학생을 지도하는 업무에는 교과 지도와 학급경영, 학생에 대한 상담 등 생활지도 업무 등이 포함된다. 이처럼 다양한 요소로 구성되는 교사의 업무에서 교과 수업만이 교사 본연의 과업이고 나머지는 주변적인 업무 또는 잡무에 해당한다고 생각한다면 이는 너무 좁은 시각이며 적절하지 않다.

성장 패러다임이 적용되어야 하는 영역은 교육 방법의 영역에 그치는 것이 아니라 교육활동의 모든 영역에 해당하며, 특히 학교의 조직문화, 운영시스템에도 적용되는 것이므로 결국 교사의 직무 전반에 관련된다고 보아야 한다. 즉, 교사는 교과 지도 방식의 개선뿐만 아니라 학생과 관계를 맺는 모든 장면에서, 또한 학생의 학습활동을 지원하는 모든 학교 운영에 관한 영역에서 효율 패러다임을 지양하고 성장 패러다임을 적용하는 노력을 하여야 한다.

[그림 2]에서 보았듯이 교육에서의 효율 패러다임의 문제점은 궁극적으로 학습자의 소외를 가져오는 것이다. 학습자의 소외란 곧 학습자가 자신에게 맞는 유의미한 학습경험을 갖지 못하는 것으로 이를 '교육 소외'라고 부른다. 교사가 아무리 열심히 학생들을 잘 가르치려고 노력해도 어떤 이유로 인해 교육 소외가 발생한다면 이는 교사의 업무 성과를 저하시키는 것이며 학교와 교육체제의 생산성을 떨어뜨리는 것이다. 앞에서 보았듯이 효율 패러다임의 기본 속성으로 인해 초래되는 여러 현상은 끊임없이 교육 소외를 부추기는 작용을 한다. 학습자는 수동적, 소극적으로 되어가고 주체적인 학습자로서의 역할은 크게 위축된다. 결과적으로 교육의 목적인 학습자의 잠재 역량 개발과 발휘는 제약될 수밖에 없다. 교사가 효율 패러다임의 병폐를 인식하지 못하고 그 틀에 부응하는 방식으로 직무를 수행하고 있다면, 그는 교육이라는 이름으로 오히려 교육 소외를 발생시키는 '비교육'을 행하고 있을 가능성이 크다.

따라서 교사에게 요구되는 첫 번째 과제는 효율 중심 교육 패러다임의 문제점을 심층적으로 이해하는 것이다. 자신이 지금까지 적용해 온 교육 방식, 학생을 대하는 방식, 학교 업무를 수행해 온 방식 등이 얼마나 효율 패러다임을 따르고 있는지, 아니면 성장 패러다임을 적용하려고 노력하고 있는지에 관해 스스로 정확하게 파악하는 것이 필요하다. 즉, 교사로서 자신의 위치가 두 패러다임 사이의 어느 지점에 있는지를 확인하는 것이다. [표 2]를 활용하는 것이 도움이 될 수 있을 것이다.

효율 패러다임의 문제를 보다 절실하게 인식할수록 이로부터 벗어나 성장 패러다임으로 옮겨가기가 쉬워질 것이다. 그 문제의 실체와 심각성을 정확하게 이해할수록 그 안에 갇힌 행위를 지속 반복할 가능성은 낮아질 것이기 때문이다. 효율 패러다임으로부터 야기되는 교육 소외의 문제는 우리 교육의 효율성, 형평성, 효과성 및 정당성을 모두 저하시키는 심각한 사회적 병리 현상이다. 절대적 교육 소외가 극복되지 못하면 상대적 교육 소외, 즉 교육 불평등과 교육격차의 문제도 결국 해소되기 어렵다. 학교에서 아이 하나하나가 겪는 현실적인 교육적 고충을 극복할 수 있도록 제대로 도와줄 수 없다면, 사회적으로 불리한 계층이나 집단이 겪는 상대적 교육 소외의 문제를 해결하는 것은 요원하다. 학교가 아닌 다른 어디에서 이런 문제를 해결해 줄 수 있겠는가?

학교는 헌법에 규정된 국민의 능력에 따라 균등하게 교육받을 권리를 보장하기 위해 교육법에 따라 세워진 공공기관이다. 교육받을 권리를 보장하기 위해서는 교육 소외 극복이라는 지상 과제를 필연적으로 떠안게 된다. 학교와 교사가 교육 소외와 제대로 맞서 싸워 이길 수 있는 역량을 갖지 못하면 우리 사회의 교육 소외 현상은 극복되기 어렵고 더욱 심화 확산되어 교육의 양극화는 더욱 심각해질 것이다. 당연히 국민의 균등하게 교육받을 권리, 차별 없는 학습권의 보장은 요원해진다.

교사는 성장 패러다임의 의미와 원리를 이해하고 자신의 것으로 내면화하기 위해 노력해야 하며, 이를 교육활동에 적용하는 데 필요한 실천 역량을 갖추어야 한다. 이는 교육 방법과 평가뿐만 아니라 교육의 과정과 교육의 동기, 더 나아가 학교의 조직문화와 운영시스템에까지 적용되어야 하는 것이므로, 단순한 지식이나 기술의 습득에 머무르는 것으로는 충분치 않고 교사 개인의 신념 체계에까지 도달하여 적극적으로 수용되어야 한다. 그만큼 단기간에 이루어질 수 있는 간단한 과제가 아니며, 언어나 사고의 차원이 아니라 행동적 실천에까지 적용이 이루어지기 위해서는 그만큼 현장에서 실천적 변화 노력이 시도되고 경험의 축적이 이루어져야 한다.

나. 교육 변화의 본질 이해

성장 패러다임을 이해하는 데서 핵심적인 요소 중 하나는 '인간 변화의 본질'을 이해하는 것이다. 성장이란 곧 인간의 변화를 말하는 것이며, 변화가 일어나기 위해서는 모종의 조건들이 충족되어야 한다고 생각할 수 있다. 개인의 변화가 모이고 서로 상호작용을 일으켜 사회변화도 일어난다고 볼 때, 여기서 변화의 조건은 교육을 통한 인간의 변화, 더 나아가 사회의 변화를 가능케 하는 조건이라고 할 수 있다. 필자는 저서《교육복지와 학교혁신》에서 이 변화의 필수적인 조건으로 '열(熱)'과 '시간'을 제시한 바 있다. 가장 단순한 변화 중 하나라고 할 수 있는 쌀이 밥이 되는 변화에서도 열과 시간이 필요하다. 물이 끓어 쌀을 밥으로 변화시키려면 일정한 열이 필요하며 그 열이 일정 시간 지속되어야 한다. 밥이 먹기 좋게 잘 퍼지기 위해서는 보다 낮은 온도에서 뜸을 들이는 시간이 또 필요하다. 여하튼 열과 시간은 밥을 짓는 과정에서도 필수적인 요소로 작용한다.

교육을 통한 사람의 변화나 학교 교육에서 일어날 수 있는 사회적 변화에서도 열과 시간이라는 조건이 그대로 적용될 수 있다. 여기서 열은 물리적 열이 아니라 심리적인 열, 즉 열정(enthusiasm)이다. 사회조직으로 따지자면 조직구성원이 공유하는 열정이며, 필자는 이를 조직의 '심리적 온도'라 부른다. 교육에서의 변화란 일상적 반복으로부터 탈피하는 것이며 이는 새로운 실천을 요구한다. 이때 새로운 실천이란 즉흥적이거나 일시적인 것이 아니라 이후로 적어도 한동안 안정적, 규칙적, 지속적으로 행하여지는 것을 말한다.

기존의 행동에서 벗어나 새로운 실천을 하기 위해서는 모종의 새로운 역량이 필요하다. 이러한 역량은 갑자기 나타나는 것이 아니라 모종의 학습을 바탕으로 형성된다. 즉, 학습과 실천이 선행되지 않으면 변화란 일어나기 어렵다. 학습과 실천은 의지와 용기, 노력, 시간 투자 등을 요구한다. 이러한 변화의 조건들은 변화의 주체인 교사 스스로가 변화하고자 하는 열정을 지니고 있지 않으면 충족되기 어렵다. 결국 교사가 변화에 대한 열정을 지니지 않으면 교육에서의 변화는 일어나기 어렵다.

한편, 변화를 위한 필수 조건인 학습에는 길든 짧든 어느 정도의 시간이 소요된다. 학습이 충실할수록 변화의 내용도 충실할 것이라고 짐작할 수 있다. 사실 누구나 공부를 열심히 하는 이유는 다 어떤 변화를 바라기 때문이 아닌가? 충분한 학습을 통해 새로운 실천을 위한 역량이 갖추어져야 제대로 된 변화가 이루어질 수 있다. 변화를 위해 새로운 시도를 하고 그 결과로부터 다시 피드백을 받아 자신을 성찰하고 더 나은 실천으로 나아가는 과정 자체가 학습의 과정이다. 이러한 학습의 과정에 소요되는 시간은 너무나 중요한 변화의 조건이라고 할 수 있다. 결국 변화는 사전에 정답이 주어진 것이 아니라 변화의 주체가 시행착오를 거치면서 스스로 만들어가는 사회적 구성물(social construct)이다. 이는 학생의 학습 과정과 본질적으로 동일하다.

변화가 '사회적' 구성물이라는 것은 고립된 개인의 노력만으로는 변화를 실현하는 데 한계가 있음을 의미하며, 다른 동료들과 함께 '실천공동체 (community of practice)'[15]를 통하여 문제의식과 실천을 공유할 때 더 크고 의미 있는 변화를 이룰 수 있음을 의미한다. 우리나라의 혁신학교들이 많이 적용하고 있는 '배움의 공동체'와 같은 방식도 이러한 원리와 가치에 바탕을 두고 있다고 볼 수 있다.

교육의 변화는 학교의 변화를 의미하기도 한다. 교육철학과 교육 방식 등 은 학교 교육의 기본 요소이자 원리이기 때문이다. 또한 앞에서 논하였듯이 이러한 교육의 실천적 변화는 학교의 조직문화와 운영시스템의 변화가 같이 수반되지 않으면 제대로 이루어질 수 없다. 따라서 교사들은 학교조직과 조 직문화에 대한 상당 수준의 이해가 필요하다고 할 수 있다. 왜냐하면 자신들 의 과업이 수행되는 직접적인 환경의 속성과 원리에 대한 어느 정도의 이해 는 효과적인 업무 수행을 위해서 필요하기 때문이다. 더구나 나중에 학교관 리자가 되어 학교경영을 책임질 때는 더욱 그러하다.

성장 패러다임에서 가장 핵심적인 용어는 '의미 부여'라고 생각한다. 누구 나 자신에게 의미 있는 일에는 열의를 보이게 마련이다. 더 나아가 거기에 열 정을 쏟게 되면 어떤 중요한 것을 실현할 수 있는 길이 넓어진다. 자신에게 의미 있는 변화를 위해 노력하고, 실패를 맛보고, 다시 도전하는 가운데 우리 는 성장하고 우리가 속한 조직도 발전한다. 이러한 성장과 변화의 동력이 되 는 것은 결국 '의미 부여'이다. 효율 패러다임 속에서는 교사든 학생이든 자 신의 과업에 의미를 부여하고 잠재 역량을 발휘하는 것이 제약되며, 삶의 과 정이 생성적이지 못하고 소모적으로 된다. 외부로부터 가해지는 힘과 틀에

---

15   실천공동체는 '공통의 관심 영역을 가지고 지속적인 상호교류와 실천 과정에서의 학습을 통하여 관심 영역에 대한 지식 및 전문성을 공유·심화시켜 나가는 사람들의 집단'이라 정의할 수 있다 (Wenger, McDermott & Snyder, 2002).

간혀 자유롭게 활력을 발휘하지 못하고 끝없는 경쟁의 결과 피로 속에 빠진다. 이는 우리가 원하는 성장의 궤도에서 벗어난 길이며 그 끝에는 '인간소외'가 기다리고 있다.

나 자신뿐만 아니라 다른 사람도 의미 충만한 삶의 기회를 얻도록 돕기 위해서는 무엇보다도 열린 사고를 바탕으로 신뢰 관계를 형성하는 노력이 필요하다. 열린 사고는 다양성, 개방성, 상대성을 중시하는 유연한 사고이다. 이러한 사고와 태도를 가져야 기본적으로 다른 사람과 신뢰 관계를 형성할 수 있다. 여기에 사람의 존엄에 대한 신념이 기본 바탕이 되어야 한다.[16] 이는 교사뿐만 아니라 학교에서 리더십을 발휘해야 하는 학교관리자에게 핵심적인 덕목이 된다. 소외되는 사람 없이 모든 구성원이 자신의 과업에 의미를 부여하며 자신의 역량을 최대로 발휘하는 학교를 만들기 위해서 필수적인 요소라고 할 수 있다. 이것이 곧 구성원 모두가 성장하면서 조직 전체도 성장해 나가는, '성장 패러다임'을 실천하는 학교의 모습이다.

다. 학교 리더십의 본질

리더십이란 '영향력'에 관련된 것이다. 영향력에는 두 가지의 유형이 있는데, 첫째는 힘(power)에 의한 영향력이다. 내가 상대방보다 더 강한 힘을 가지고 있으면 상대방의 의사와 상관없이 나는 상대방의 행동에 영향을 미칠 수 있다. 둘째는 권위(authority)에 의한 영향력이다. 권위는 힘과 달리 상대방에 의해 수용(accommodation)되었을 때 영향력을 발휘할 수 있다. 즉, 상대방의 의사에 따라 달라질 수 있는 쌍방적인 속성을 지닌다. 따라서 내가 아

---

16   Hicks, D. (2019).《일터의 품격》. 68쪽 참조.

무리 권위를 주장해도 상대방이 이를 인정하고 수용하지 않으면 아무런 소용이 없고 그에 대한 영향력은 발휘되기 어렵다. 학교관리자의 리더십은 어떤 유형에 해당하는가? 나는 교육조직에서의 영향력은 후자의 성격을 띠는 것이 바람직하다고 생각한다. 그 이유는 관료제적 지배체제와 장학의 문제에서 이미 다룬 바 있다. 요컨대, 학교관리자로서 학교 구성원들의 역량 발휘와 성장을 돕고 학교의 발전을 이끄는 리더십을 발휘하려면 먼저 구성원들로부터 자신의 권위를 인정받아야 하며, 일단 권위를 인정받아 수용되면 영향력은 자연스럽게 발생하게 될 것이다. 권위는 신뢰를 기본조건으로 하며 그 핵심 기반은 전문적인 역량, 도덕적 인품, 그리고 말과 행동의 일관성이다.

라. 형식주의 극복을 위한 학교의 내적 역량 강화[17]

학교조직이 지닌 내부 시스템과 문화, 구성원의 역량은 학교에서 나타나는 형식주의 행태에 영향을 미치며, 아래와 같은 요소들이 관련된다고 본다. 학교의 업무 추진 방식이 구성원들에게 유의미하게 인식되어 자신의 역량을 발휘하고 또 지속해서 발전시켜 나가도록 동기부여 되어야 함에도 불구하고 다음 요소들은 이를 저해한다는 면에서 공통점을 지닌다.

- 부적절한 리더십: 변화가 필요한 국면에서 '관리 중심' 리더십에 집착
- 업무 배분의 불공정성 또는 불합리성
- 자율적 권한과 책임의 부재로 인한 주인의식의 결여
- 다수의 참여 부족: 소수에 의해 움직이는 조직

---

17 김인희 (2007). "학교의 형식주의와 학교혁신의 관계"에서 발췌 수정.

- 협동적 과업 수행의 미흡
- 구성원의 과업 수행 역량 부족
- 부적절한 평가, 인정, 보상 체제
- 과업의 성과 달성, 규범, 원칙 준수 등에 대한 자율적 통제 역량 부재
- 동기부여 시스템과 문화의 미흡
- 자기 쇄신(self-renewal)을 위한 시스템과 문화의 결여

새로운 변화 과제의 수행이 필요한 조직에서는 변화를 장려, 촉진하고 변화가 일어날 수 있도록 실질적으로 지원하는 변화 지향(성장 중심)의 리더십이 요구된다. 관리 중심(효율 지향)의 리더십은 변화보다는 현상을 유지하는 데 효과적이다. 질서, 안정, 규정, 절차, 통제, 능률을 중시하는 관리 중심 리더십 아래에서는 본질적 내용 추구보다 가시적인 투입과 산출, 규정 및 형식 준수 등에 치중하는 경향이 나타난다.

업무 배분이 불공정하거나 불합리한 경우에는 조직구성원들이 불만을 품게 되고 자기 일에 대한 애착이 감소할 수 있으며, 구성원 간의 협력도 어렵게 된다. 업무 배분의 결과보다도 불공정, 불합리한 배분 방식 자체가 구성원들의 부정적인 정서적 반응을 불러오고 조직 내에 부정적인 에너지를 발생, 축적시킨다. 업무에 대한 자율적 권한과 책임의 부재는 자기 일에 대하여 주인의식을 갖는 것을 어렵게 한다. 일 자체의 발전을 위한 성취동기와 의지가 생기기 어렵고 주어진 과제만을 소극적으로 처리하는 데 만족하게 된다. 이와 같은 상황에서는 자신이 지닌 잠재 능력을 제대로 발휘할 수 없으며 최소한의 제한된 능력만을 사용하게 된다. 이 경우, 현상의 유지는 가능할지 모르나 의미 있는 새로운 변화의 창조는 기대하기 어렵다.

조직구성원 다수가 과업 수행에 참여하지 않고 소수의 인력으로만 과업이

수행되는 경우가 있다. 많은 사람의 참여로 더 많은 지식과 정보, 지혜와 능력을 공유하고 활용할 수 있음에도 불구하고 참여의 기회 또는 동기를 제공하는 데 실패한 경우이다. 이 경우 인력 활용의 손실뿐만 아니라 회의적, 방관적 분위기 형성으로 인해 과제 수행이 형식화될 가능성이 높아지게 된다.

협동은 조직 운영에 있어서 다양한 긍정적 효과를 가져올 수 있다. 개인들이 지닌 능력과 장점이 결합하면서 혼자서는 미처 생각할 수 없었던 아이디어의 창출과 새로운 과제에 도전할 수 있는 기회가 발생한다. 개인의 약점을 보완하여 실수를 줄이고, 실패에 대한 책임을 서로 나누게 되어 위험부담을 줄임으로써 보다 모험적이고 혁신적인 시도를 가능케 한다. 상호이해를 높여 신뢰를 쌓고 갈등을 해소하며 공감대를 형성함으로써 보다 응집력 있는 조직문화를 형성할 수 있다. 또한, 구성원 간의 상호작용을 활성화하여 의사소통을 촉진함으로써 변화의 전파 및 확산 속도를 높이는 효과가 있다. 아울러, 개인들이 자신의 의견과 정서를 자유롭게 표출할 수 있는 장(setting)이 형성됨으로써 조직의 전반적인 정신건강에도 긍정적인 기여를 하게 될 것이다.

조직구성원들의 전문역량 부족도 형식주의를 발생시키는 원인이 될 수 있다. 전문역량의 부족으로 인해 과업 수행의 완성도가 떨어지거나 과정 및 결과의 왜곡 현상이 나타날 수 있고, 태도의 문제로 인해 과제의 본질에서 벗어나는 경우도 발생할 가능성이 있다.

평가 인정의 기준은 구성원이 과업 수행에서 실제로 추구하는 가치에 큰 영향을 미친다. 본질에 충실한 평가를 하는가의 여부, 평가의 공정성 여부 등은 평가 자체의 효과를 좌우한다. 구성원이 추구하는 가치와 평가에서 중시되는 가치가 서로 상충 또는 괴리되는 경우 평가받는 자는 딜레마 상태에 놓이게 된다. 이 경우, 개인이 투입하는 시간과 노력, 에너지, 자원은 분산되고 어느 쪽이든 최고의 성과를 얻기는 어렵게 된다.

구성원 간에 자신들 과업 수행에 대하여 높고 엄격한 기준을 적용하고 스스로 성과를 평가하고 반성을 통하여 개선해 나가는 자율적 통제 및 자기 쇄신 시스템과 노력이 활성화되어 있는가의 여부는 과업 수행의 형식주의 여부와 상관관계를 가질 것이다. 자신의 본질적 과업 수행에 관한 철저하고 엄격한 자기 통제가 있다면 외재적 요인의 영향은 상대적으로 작아지게 될 것이며, 자기 통제 능력이 떨어질수록 외재적 요인의 영향을 크게 받게 될 것이다.

끝으로, 조직구성원들 간의 서로에 대한 보다 높은 기대를 바탕으로 과업 성과를 높일 수 있도록 서로 격려하고, 인정하고, 지원하는 '동기부여 문화'가 형성되어 있는가의 여부 역시 과업 수행의 형식주의 여부에 영향을 미친다. 동기부여 문화란, 조직 속의 다양한 개인이 소외되지 않고 자신의 역량을 최대한 발휘하면서 성장할 수 있는 기회가 주어지는 문화를 말한다. 이와 같은 문화에서는 인권 존중, 존엄, 개방성, 자율성, 다양성, 유연성, 상대성 등의 가치가 존중되는 반면, 인권 경시, 폐쇄성, 타율성, 획일성, 경직성, 독단성 등은 극복되어야 할 대상이 된다.

마. 학교에 대한 '교육복지공동체' 관점 적용

필자는 2004년에 교육부에서 초대 교육복지정책과장을 맡았던 일을 계기로 '교육복지'라는 용어를 처음 접했으며 대학으로 자리를 옮긴 이후에도 교육복지에 관한 연구와 강의를 지속했다. 35년간의 교육 관료와 교수로서의 직무 수행에 있어서 가장 중요한 키워드는 교육복지였다고 할 수 있다. 교육복지는 '교육 소외를 극복하는 것'이며 '교육 소외'는 누구나 보장받아야 할 보편적인 교육받을 권리, 즉 학습권을 제대로 누리지 못하여 교육의 손실, 더 나아가 삶의 손실이 초래되는 현상을 말한다. 우리가 체계적인 교육제도를 바탕으로 엄청난 자원과 노력을 투입하여 공교육 체제를 운영하고 있으며 한 편으로 많은 성과를 거두어 왔으나, 다른 한편으로는 그러한 노력과 성과에 도 불구하고 '교육 소외'라는 현상이 일상적으로, 작지 않은 규모로, 지속해서 발생하고 있음을 부인할 수 없다.

수많은 아이가 수업 시간에 소외되고 있는데 이를 한때 '교실 붕괴'라고 부 르기도 하였다. 학습 소외를 겪거나 학교생활에 제대로 적응하지 못하여 어 려움을 겪는 아이들이 많으며 그중 일부는 학업을 중단하고 '학교 밖 청소년' 이 되기도 한다. 다문화가정 아이들, 탈북 청소년들, 외국인 근로자의 자녀들 과 같이 한국 사회와 문화에 익숙하지 않아 불리함을 겪는 아이들도 늘어나 고 있다. 효율 패러다임이 지배하는 성적 지상주의 학교에서 이러한 학생들 이 성공적이고 행복한 학교생활을 영위하는 것은 결코 쉬운 일이 아니다.

나는 이러한 교육 소외를 '절대적 교육 소외'라 부르며, 교육에서의 불평 등, 차별, 격차와 같은 현상을 '상대적 교육 소외'라 부른다. 절대적 교육 소외 도 문제이지만 상대적 소외 역시 심각한 문제가 되고 있다. 우리나라의 교육 양극화가 심화되고 있다는 것은 삼척동자도 알고 국민 스스로 체감하고 있는 사실이며, OECD와 같은 국제기구의 보고서에도 우리나라는 교육의 형평성 이 후퇴하고 있는 나라로 분류되고 있다.

학교는 헌법과 교육기본법, 초중등교육법 등에 의하여 국민의 기본권으 로서의 학습권을 동등하게 보장하기 위하여 설립 운영되는 공공기관이다. 따라서 학교는 교육과정을 가르치는 역할 이전에 교육 기회의 동등한 보장 이라는 책임을 지니며, 이는 곧 학생들의 절대적 교육 소외와 상대적 교육 소외를 예방하고 치유하는 과업을 수행해야 함을 의미한다. 교육과정 운영 과 학생 지도는 이러한 과업 수행의 원칙 아래 이루어져야 하는 것이다. 그 렇다면, 교육 소외를 극복하는 일, 곧 '교육복지'는 학교의 기본적인 소명이 될 수밖에 없다.

학교 현장의 많은 교원은 교육복지에 대한 지식이나 경험이 부족한 것이 현실이다. 교사 양성 과정에서 배우지 않은 비교적 새로운 개념이기 때문일 것이다. 또한 교육복지사업을 하는 학교가 아닌 학교에서는 그 용어 자체를 들을 기회가 별로 없을 것이다. 그 용어를 알고 있거나 사업을 직접, 간접으로 경험해 본 사람들도 대부분 교육복지는 학업이나 생활이 어려운 취약계층 아이들을 금전이나 프로그램으로 지원하는 활동으로서, 교사의 본연의 업무가 아니라 학교에 배치된 교육복지사의 업무이거나 하나의 정책 사업으로 인식하는 경향이 있다.

이는 교육복지에 대한 매우 협소하고 축소 지향적인 인식이라고 본다. 이러한 인식으로 인해 교사의 주체적인 참여가 이루어지지 못하고 여러 사업 중 하나를 부분적으로 지원하는 정도에 그치는 교육복지의 수준으로는 광범위하고 보편적이며 일상적으로 나타나는 교육 소외 현상에 효과적으로 대응할 수 없다. 결국 학교는 교육 소외에 제대로 대응하지 못하고 이를 방치하는 무책임하고 무력한 공공기관이 되어 버리기 십상이다.

지금까지 논의하였듯이, 교육 소외를 극복하기 위해서는 효율 패러다임으로부터 성장 패러다임으로의 근본적 전환이 교육 부문에서 일어나야 하며, 무엇보다도 학교가 패러다임 전환의 중심이 되어야 한다. 결국 교원들이 그 변화의 주역이 되어야 한다. 이를 실천하는 구체적인 방법론의 하나를 제시한다면, 학교를 '교육복지공동체'라는 관점에서 접근하는 것이다. 이는 성장 패러다임의 학교형 버전이라고도 부를 수 있을 것이다.[18] 지금까지 성장 패러

---

18 교육복지공동체에 대한 상세한 내용을 원하시는 분은 김인희. (2019)《교육복지와 학교혁신》을 참고 하시기 바란다.

다임의 의미에 대하여 공감을 하신 선생님들께서는 [표 4]에 제시된 교육복지공동체의 내용이 성장 패러다임과 맥을 같이한다는 것을 쉽게 파악할 수 있을 것이다. 교육복지라는 테마를 중심으로 형성된 공동체가 교육복지공동체이며, 구성원이 공유하는 조직의 비전과 과업, 과업을 수행하는 실천 방식과 행동양식 등에 교육복지의 원리와 가치가 내재해 있는 공동체이다. 이러한 모습이 바로 앞으로 우리 학교가 지향해야 할 모습이 아닐까?

[표 4] 교육복지공동체로서 학교의 요건

공동체 요소	요 건
비전, 가치, 목적	학습자의 존엄, 기본적 인권 및 학습권 존중, 삶의 질 모든 학생의 최대 역량 개발을 위한 학습경험 제공 '교육 소외 없는 학교'의 추구 모든 학생은 교육 기회 앞에 동등(equal but not similar)
미션, 과제	교육 소외의 예방, 진단 및 치유 학생 개개인의 교육적 필요 진단 및 최적의 학습경험 제공 학업 과정에서 학습 부진 및 결손의 원인 파악과 적합한 대응 학교의 대내적 응집력의 제고 및 생산적 대외관계의 강화
의식, 태도, 정서	인권 존중, 상호 신뢰, 개방적 사고, 연대감, 소속감, 배려, 공감 능력, 감수성, 의미 있는 관계의 추구, 전문성의 중시, 학습의 존중
조직 운영 방식	임파워먼트, 리더십의 공유, 참여, 협동, 소통, 자율과 다양성, 유연성 업무 성과 및 노력과 일치되고, 일관된 평가 체제 수립 운영
역량 개발을 촉진하는 과제 수행	협력적 학습 - 지식의 공유, 문제의 공유, 해결 방안 공동 모색, 동료 평가, 협동적 작업, 실천 레퍼토리의 공유, 학습조직 운영 지역사회기관 등과 협력 네트워크 구축 및 효율적 운용 새로운 교육복지 실천 방안의 지속적 개발, 혁신
학교 환경, 풍토	소외 생산적 학교문화의 극복 - 형식주의, 소외를 야기하는 경직, 획일, 폐쇄, 불공정, 차별, 독단적 요소 등 극복 인간중심적, 학습친화적, 정서적으로 풍요로운 학교환경

2. 학부모
_하지 말아야 할 일

우리 교육을 효율 중심에서 성장 중심으로 바꾸기 위해 학부모들이 할 수 있는 일은 무엇일까? 무엇보다도 부모들이 자녀 교육에서 범하는 오류들과 그 부정적 작용을 살펴보는 것이 우선되어야 할 것 같다. 그다음에 이를 극복하는 방안을 성장 패러다임의 관점에서 모색하는 것이 바람직하지 않을까? 우리는 자녀를 어떤 사람으로 키우고 싶어 하는가? 이 질문에서 성찰이 시작되어야 한다. 그래야 무엇이, 왜 잘못되었고, 그 폐해는 어떠한가, 어떻게 태도를 바꿔야 하는가 하는 물음에 대한 대답을 찾을 수 있을 것이다. 학부모의 입장을 경험한 필자를 포함하여 부모들이 자녀 교육에서 흔히 범하는 문제들을 중심으로 살펴보기로 한다.

가. 존엄의 무시

《일터의 품격》의 저자 도나 힉스에 의하면, 사람은 누구나 소중한 존재로 대우받고 싶어 한다. 존엄의 욕구가 있다는 말이다. 존엄과 존경은 다르다. 존엄은 그 존재 자체로 타고나는 것이며, 존경은 자신이 스스로 성취한 것을 기반으로 남으로부터 받는 것이다. 즉, 사람은 누구나 존재 자체로 존엄의 가치를 지니지만 모든 사람이 존경받는 것은 아니다. 힉스는 '존엄'이 우리가 사람을 대하는 출발점이 되어야 한다고 말한다.

인간은 존엄하며 인권은 존중받아야 한다는 말은 민주사회의 시민이라면 누구나 다 인정하는 상식이다. 문제는 이 말이 일상에서 제대로 실현되고 있는가 하는 것이다. 부모들은 아이에게 "너한테 실망했다." "넌 왜 그 모양이냐." "널 낳지 말았어야 했다."라는 등의 말을 한다. 이는 아이의 자존감에 부정적 영향을 미칠 수 있다고 본다. 성장 과정에서 존중받는 경험을 갖지 못하고 지속해서 자존감에 상처를 입은 아이들은 긍정적인 자아개념을 형성하는 데 어려움을 겪으며 자신만이 아니라 세상에 대해서도 부정적인 관념을 형성하기 쉽다.

힉스는 존엄(dignity)에 대하여 중요한 메시지를 전하고 있는데, 어린 시절 존엄과 모욕에 관한 경험은 자신의 가치를 인식하는 데 영향을 미칠 수 있다고 한다. 어릴 때 겪은 부정적 경험으로 인해 자신의 타고난 존엄을 온전히 받아들이지 못하게 되면 타인까지 존중하지 못하게 되는 악순환에 빠지게 된다. 과거에 경험한 피해에 대한 진실을 아는 것은 자신이 무가치하다는 왜곡된 믿음의 연원을 알기 위해 필요하다고 주장한다.

여기서 더 나아가, 《폭력의 기억》의 저자 앨리스 밀러에 의하면, 어린 시절에 억압적, 폭력적 관계를 경험하거나 학대에 노출된 아이는 그러한 경험을 의식의 차원뿐만 아니라 몸의 세포 자체가 기억하게 되어 성인이 된 후에도 심각한 후유증을 겪게 된다. 본인이 거기서 벗어나는 유일한 길은 그 문제를 직시하여 실체를 이해하고 객관적 사실로 받아들이는 것이며, 그렇게 하지 못한다면 본인도 타인에게 유사한 행동을 하게 되거나 심신의 질병으로부터 고통을 받는 등 문제가 지속된다고 한다. 힉스와 밀러의 견해는 완전히 맥을 같이하는 것이다.

아이가 성장 과정에서 타인으로부터, 특히 부모로부터 존중을 받고 있다는 경험을 갖는 것은 긍정적인 자기 세계, 건강한 자기 인생을 만들어가기 위한 초석, 자산, 동력이 된다. 더구나 아이가 부모를 존경하는 경우에는 그 영향이 배가될 수 있다고 생각한다. 나의 아버지는 누구나 인정하는 최고의 수재이셨고 평생을 교육과 연구에 바친 공학자이셨다. 내가 고등학교 시절 공부를 게을리하던 때로 기억하는데 어느 날 아버지가 부르셔서 종종 하시던 대로 설교를 시작하셨다. 그때 아버지는 "나도 학창 시절에 너 못지않게 공부를 좀 했었는데…."라고 말씀을 하시는 게 아닌가…. 당신은 별 뜻 없이 하신 말씀일 수 있는데, 그날의 설교 중 다른 건 다 잊어버려도 이 말씀은 수십 년이 지나도 잊히지 않는다. 우리나라 최고의 수재가 나를 자신과 동급 수준으로 인정해 주다니…. 그 뿌듯함은 평생 간직되었고 나의 지적 능력(?)에 대하여 그날 이후로는 별로 의심하지 않고 살아온 것 같다.

나. 비교하기

《쌀, 재난, 국가》의 저자 이철승 교수는 우리나라를 비롯한 벼농사 문화 전통을 가진 사회들은 유럽과 같은 밀 농사 문화 전통을 가진 사회에 비하여 '비교하기 문화'의 강도가 월등히 높다고 주장한다. 벼농사는 대단위의 물의 관리와 집단적인 협업을 필수로 하므로 집권적인 통치 세력이 등장하는 동시에 가까운 관계의 친지, 이웃들과 서로 노동력을 주고받는 협동적 생활양식이 형성된다. 이와 같이 노동을 공유하지만, 산출의 결과는 본인이 책임지는 특이한 집단적 관계 속에서 비교와 경쟁의 심리가 발생한다는 것이다. 여기서 이 문제를 길게 다룰 여유는 없다. 더 자세한 설명이 필요하신 분은 원전의 일독을 권한다.

여하튼 비교 중시 문화의 연원과 영향에 대한 해석은 일리가 있다고 생각한다. OECD PISA 결과를 보면 벼농사의 전통을 가진 동아시아 국가들은 학생들의 학업성취도는 매우 높은 데 반해 삶의 만족도는 낮은 공통적인 경향을 보인다. 이는 [그림 4]를 보면 분명하게 드러나는데, 동아시아 국가인 한국을 비롯하여 대만, 일본, 홍콩, 마카오 등은 모두 같은 그룹에 속해 있다.

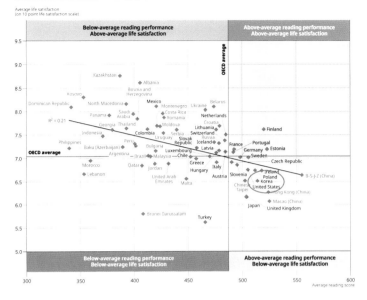

Figure III.11.5 **Life satisfaction and reading performance across education systems**

[그림 4] 삶의 만족도와 읽기 성취도

이는 무엇을 말하는가? 동아시아 학생들은 다른 지역 학생들보다 공부를 더 열심히 하는 대신 삶의 만족도는 낮다는 것이다. 왜 공부를 많이 하는가는 여러 가지 이유가 있겠지만 필자는 비교 중시 문화의 영향이 크다고 생각한다. 비교는 곧 경쟁을 유발하는데, 내가 남보다 못하다는 것을 받아들이기 싫은 심리상태에서 기인한다. '사촌이 땅을 사면 배가 아프다'라는 우리 속담이 바로 이를 대변한다. 나의 성공 여부의 판단은 남과의 비교에 따라 이루어진다. 즉 성공의 기준은 절대적이 아니라 상대적이다. 내가 시험에서 90점을 맞아도 친구가 100점을 맞으면 스트레스를 받는다. 반복되면 열등감까지 생길 수 있다. 이러한 집단적 멘탈리티는 끝없는 비교와 경쟁으로 사람들을 내몰게 된다. 스트레스가 쌓이는 만큼 삶의 만족도는 떨어짐이 당연하다. 경쟁에서의 실패는 좌절감, 패배감, 열등감을 누적시킨다. 우리나라 학생들의 실패 두려움과 삶의 만족도 마이너스 상관계수는 세계에서 가장 높다(그림 5). 세계에서 수학을 가장 잘하면서도 수학에 대하여 가장 자신감이 없고 수학을 가장 싫어하는 우리 학생들의 모습은 이렇게 보면 역설도 수수께끼도 아니다.

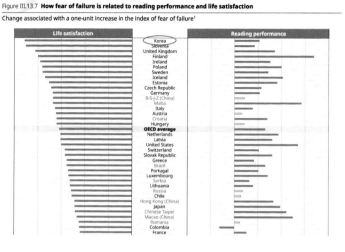

[그림 5] 실패의 두려움과 삶의 만족도의 관계

우리 부모들은 이러한 비교 중시 문화의 첨병 노릇을 너무나 열심히 하고 있다. 아이들을 친구와 비교하고, 형제·자매·친척 간 비교하고, "나는 그러지 않았는데…"라고 하며 자신의 어린 시절, 학창 시절과 비교하고, 심지어 잘 알지도 못하는 동네 이웃집 아이와도 비교한다. 그러다 보면 주변에 잘나가는 사람은 모두 우리 아이들의 경쟁상대가 된다. 물론, 부모의 적절한 개입과 지원이 아이의 성취와 성공에 큰 도움이 된다는 것은 일반적으로 검증된 사실이다. 동아시아 아이들의 학업성취도가 높은 것은 부모의 열성적인 개입 덕택이라고 알려져 있다. 아이들은 또한 유교적 전통이 강한 문화 속에서 자신을 위해 헌신하는 부모에게 보답하기 위해서라도 열심히 공부해야 한다는 생각을 갖게 되는 것이다.

그러나, 무분별하고 부적절한, 그래서 지나친 남과의 비교는 아이들의 성장에 오히려 부정적인 영향을 미칠 수 있다. 아이들은 일단 다른 사람과 비교되는 것을 싫어한다. 부모가 비교하기 이전에 이미 아이들 스스로 비교하고 있는 경우가 많고 그로 인해 이미 많은 스트레스를 받고 있다. 거기에 부모까지 가세하는 것은 도움이 되기보다는 역효과를 가져올 수 있다. 우리 아이들은 이미 세계에서 가장 강도가 높은 비교와 경쟁의 굴레 속에서 버티며 살아가고 있다. 우리 자신은 남한테 당하기 싫어하면서 부모라는 이유로 아이들에게 습관적으로 일삼는 '비교하기'는 어쩌면 일종의 언어폭력이 될 수도 있다.

제1부 III장에서 논의한 절대적 · 보편적 수월성은 학교뿐만 아니라 부모들도 진지하게 받아들여야 할 개념이다. 자녀의 성장 가능성과 한계를 파악하고 남과의 비교가 아니라 자녀 고유의 특성과 여건을 고려하여 성장 스케줄을 디자인하고 이에 맞추어 실천해 나가는 것이 필요하다. 물론 지금의 학교교육의 틀 속에서 이를 실행하자면 당장 잘 맞지 않는 측면이 당연히 있을 것이다. 그럼에도 불구하고 부모가 그러한 관점 자체를 지니는 것과 그렇지 않은 것에는 큰 차이가 있으며 아이에게 미치는 파장도 상당히 다를 것으로 생각한다. 지금의 현실에서 가능한 부분부터 최대한 실천해 나가려고 노력하는 일이 무엇보다 값진 것이라고 생각한다.

다. 차별적 태도와 행동

근대사회에 들어 개인의 인권이 존중되고 법적 보호를 받게 되면서 가장 사회적으로 문제가 되는 행태 중의 하나는 사람을 차별하는 것이라고 생각된다. 우리나라의 경우 조선시대까지는 양반과 평민 간에 신분 차별이 존재했고 남녀 간의 차별도 오랫동안 지속되어 왔다. 많은 나라에서 인종 차별이 문제가 되어 왔고, 주류사회에 의한 소수집단 차별도 존재했다. 지역 간 차별 해소 문제도 우리나라를 비롯하여 많은 나라의 정책과제가 되고 있다. 이렇듯 인간사회에는 차별의 문제가 항상 따라다닌다고 보아야 한다. 그렇다면 그 차별의 근원이 객관적인 바깥세상에 존재하는 것이 아니라 세상을 바라보는 우리들의 주관적 사고방식 속에 존재하는 것이 아닌지 의심해 볼 필요가 있지 않을까?

'사람 위에 사람 없고 사람 아래에 사람 없다'라는 말은 사회적 통념이라고 보아도 무방할 것이다. 게다가 차별은 여러 법령에 따라 금지되어 있다. 교육에서의 차별 금지는 우리나라 헌법, 교육기본법, 유엔의 세계인권선언과 아동 권리에 관한 협약, 유네스코의 교육차별철폐협약 등 국내법과 국제법에 공히 명확하게 규정되어 있다. 그럼에도 불구하고 눈에 보이지 않는 암묵적이고 관행적인 차별까지 완전하게 막는 것은 쉽지 않은 일이다. 또한 명백히 차별임에도 불구하고 그 사회와 문화에서 차별로 인식하지 못하는 일도 실제로 일어나기도 한다.

부모들이 저지르기 쉬운 차별은 무엇일까? 자녀 간의 차별, 즉 편애가 있을 수도 있고, 자기 자식과 남의 자식을 차별하는 일도 있을 수 있다. 또한 부모가 자녀 앞에서 일상적으로 무심코 행하는 차별적인 언사와 태도는 성장 과정에서 자녀에게 부정적인 영향을 미칠 수 있다. 부모의 의도와는 상관없이 암묵적인 교육이 이루어질 수 있는 것이다. 예컨대, 부모가 특정 지역 출신에 대하여 편견을 가지고 부정적인 반응을 지속 반복적으로 나타내는 경우, 자녀들은 이에 대한 간접적 학습을 하게 될 수 있다. 그 결과 자녀 본인은 특정 지역 출신 사람을 직접 만나보지도 못한 상태에서 부모의 영향으로 선입견이 형성되어 그 지역 출신에 대하여 부정적 인식을 갖게 될 수도 있다. 지역 간

갈등과 대립의 배경에는 이러한 요인이 크게 작용하고 있는 게 아닐까.

차별당하는 사람의 입장에서 보면 어떠한가? 차별은 공정의 가치를 침해하고 그르치는 것이다. 부당한 차별을 당하는 자의 입장에서 볼 때 억울함을 느끼게 되는데 이는 공정하지 못하다고 생각하는 데서 비롯된다. 차별(discrimination)과 차별화(differentiation)는 서로 다르다. 차별은 합당한 이유 없이 부당하게 다른 대우를 하여 피해를 주는 것인 데 비하여, 차별화는 사람마다의 특성과 조건의 다른 점을 고려하되 그 사람에게 도움이 되는 경우에 한하여 서로 다르게 대우하는 것을 말한다. 예컨대, 지하철에서 임산부나 노약자를 위한 좌석을 따로 지정하는 것은 차별이 아니라 차별화에 해당한다. 주차장에 장애인을 위한 주차 공간을 따로 마련하는 것도 마찬가지다. 이렇게 보면, 사회적 통념상 근거가 합당하다고 인정되는 다른 대우를 통해 도움을 주는 것은 차별화이며, 합당한 근거 없이 다른 대우를 하여 피해를 입히는 것은 차별이라고 구분할 수 있겠다. 실생활에서 이를 혼동해서는 안 될 것이다.

차별화는 필요하고 정당화될 수 있지만, 차별은 그 자체로 비윤리적, 비도덕적, 비교육적이며 법령에 위반되는 경우도 있다. 차별을 당하는 사람은 부당하게 피해를 보는 것이며, 그로부터 불공정함과 억울함, 분노 등을 느끼게 된다. 교육의 장면에서 차별이 이루어지는 경우 차별당하는 아이는 그만큼 성장의 기회를 부당하게 박탈당하는 것이다. 아이가 차별당하고 있음을 인식하는 경우에는 어떻게든 이를 시정할 가능성이 있을 것이나, 아이가 차별당하고 있음을 스스로 인식하지 못할 때가 더 심각한 상황이라고 볼 수 있다. 차별을 하는 사람이 스스로 시정하지 않는 한 개선의 기회는 없을 것이기 때문이다. 그러므로 가장 심각한 상황은 차별당하는 아이도 이를 인식하지 못하고 차별하는 사람도 자기 잘못을 인식하지 못할 때라고 할 수 있다.

라. 부모 자신의 틀 씌우기

부모들의 가장 흔한 행위 중의 하나는 자기중심의 가치관, 세계관에 의해 틀과 기준을 정해놓고 아이들을 거기에 짜맞추려고 하는 행위일 것이다. 이러한 자기중심적 행위는 부모만의 특수한 행동이라기보다는 사람들이 일반적으로 보이는 보편적 행동 경향이라고 할 수 있다. 다만, 여기에 한 가지 덧붙여 부모와 자식 간이라는 특별한 관계가 반영될 수 있다는 것이다. 만일 부모가 자녀를 독립된 인격으로 대우하기보다는 자신에 종속된 소유물 정도로 생각한다면 그러한 특별한 관계 인식은 자기중심적 행동을 더욱 심화시키는 방향으로 작용하게 될 것이다.

부모들은 "이게 다 널 위한 거야."라는 말을 자주 한다. 이 경우 대개 아이의 의견이나 입장은 무시되는 경우가 많다. 부모는 자신의 결정이나 행동이 아이에게 도움을 주는 것이며 옳은 일이라는 믿음을 갖고 행하는 것이지만, 아이의 입장에서는 자신의 진짜 희망과 기대, 관심과 선호, 자신이 중시하는 가치의 우선순위 등과 맞지 않아 의미를 부여하기가 어려운 상황에 놓일 수 있다. 앞에서 이야기한 '비교하기'의 문제도 이와 깊게 관련되어 있다. 부모들은 아이들을 남과 비교하면서 그 비교 기준을 아이의 관점이 아니라 부모의 관점에서 채택하고 적용한다. 아이의 입장에서는 비교당하는 것 자체도 싫은데 그 비교 기준이 자기가 중시하는 기준도 아닌 경우가 많다. '그래서 어쩌라고요'라는 볼멘 반응이 자연스레 나올 수밖에 없다.

부모들의 자기중심적 틀 씌우기는 여러 장면에서 나타난다. 학교 선택, 학과 선택, 직업 선택과 같은 중차대한 진로 결정에서 나타나기도 하지만, 성장과정의 일상에서 수시로 나타날 수도 있다. 이런 행위는 자신이 옳다고 생각하는 것은 상대방도 그렇게 생각할 것이라는 단순하고 낙관적인 기대에 근거한다. 자기 자신에 대한 자기애와 자신감이 높은 사람일수록 그런 성향은 더 강할 것이라고 짐작할 수 있다.

또한 자기가 상대방보다 지식이나 경험, 능력 면에서 우월하다고 생각할 때 이런 성향은 더 강하게 나타날 수도 있다고 본다. 문제는 이런 사람일수록 상대방과의 소통이 일방적으로 되고 남의 얘기를 듣기보다 자신의 얘기를 말하는 것을 우선하게 된다는 것이다. 상대방의 입장을 이해하기 위한 노력은 부족하고 자기의 메시지를 전달하는 것이 우선 과제가 된다. 일정한 소통의 방식이 지속 반복되면 특정한 관계의 모습을 형성하게 된다. 일방적 소통은 권위적, 억압적 관계로 귀결될 가능성이 높으며 소통 자체를 위축시킨다.

사람마다 인지 모형(mental model)이라는 것이 있다. 세상을 바라보고, 느끼고, 해석하는 마음의 틀이다. 마인드(mind) 또는 세계관이라고 불러도 상관없다. 중요한 것은 사람마다 자기만의 주관적인 현실 세계가 존재하며 그 속에서 살아가고 있다는 것이다. 부모뿐만 아니라 아이들도 마찬가지이다. 우리 부모들은 아이들의 주관적 현실 세계를 잘 알고 있는가? 우리 아이는 어떨 때 기뻐하고 어떨 때 슬퍼하는가? 좋아하는 것은 무엇이고 싫어하는 것은 무엇인가? 어디에서 힘을 얻고 언제 좌절하는가? 아이가 느끼는 성공과 실패의 기준은 무엇인가? 아이가 생각하는 자신의 경쟁상대는 누구인가?

아이의 생각과 마음을 잘 알고 있다면 그만큼 아이를 이해하고 있다고 말할 수 있을 것이다. 하지만 이를 잘 알지 못하는 상태에서 부모 자신의 주관적 잣대로 아이를 비교하고 판단하고 일방적으로 결정을 내리고 이를 아이에게 강요하는 행위를 무심코 하고 있을 수도 있다. 과연 이러한 행위가 아이에게 진정으로 도움이 될 것인가에 대해 진지하게 성찰해 볼 필요가 있다. 거꾸로 자신의 과거를 되돌아보며 부모가 자신에게 어떤 태도를 보였는가를 생각해 보는 것도 좋은 방법이 될 수 있을 것이다. 부모가 나의 마음을 잘 이해하지 못한 상태에서 자기 생각과 결정을 강요했다면 나의 반응은 어땠을까? 그것이 나에게 어떤 도움을 주었을까? 그것이 부모와 나의 관계에 어떤 영향을 미쳤을까? 그 반대였으면 또 어떠했을까?

부모가 아이의 내면 진실과 감정에 귀를 기울이지 않고 부모의 관점을 주입하고 아이의 마음을 자의적으로 평가하게 되면 아이는 점점 자신의 감정을 숨기게 된다고 한다. 이러한 상황이 지속되면 결국 부모와 자녀 간에는 권위적, 억압적, 일방적인 의사소통이 이루어지게 된다. 앞에서 이야기한 존중의 느낌을 아이가 경험하기가 어려워진다. 존중의 경험이란 자기 생각과 마음에 대해 다른 사람이 진지하게 들어주고 이해하려 하고 소중하게 대해주는 경험이라고 생각한다. 자신을 존중해주지 않고 무시하는 부모를 아이가 존경하기는 쉽지 않다. 이렇게 되면 진정한 권위와 신뢰를 바탕으로 한 부모로서의 영향력을 발휘하기가 어려워진다. 부모 노릇 하는 데 필요한 존경, 권위, 신뢰는 저절로 주어지는 것이 아니라 부모 하기 나름이다.

마. 과잉보호

헬리콥터 맘, 내비게이션 맘이라는 말이 있다. 자녀에 관한 모든 일에 개입하여 자녀 대신 자신이 모든 결정을 내리려 하는 부모를 일컫는 말이다. 자녀에게 선택권이 주어지지 않으니 자율적인 실천 경험을 갖기 어렵다. 그 결과 자립성이 부족한 의존적 인간으로 자랄 우려가 있다. 이러한 부모는 자녀가 실수할 기회를 사전에 차단하여 실패를 허용치 않으려 한다. 실수와 실패를 통하여 새로운 것을 배우고 성장해 나간다는 성장 패러다임의 관점에서 볼 때 이러한 행위는 아이를 위하는 것이 아니라 오히려 아이의 배움의 기회를 차단하는 것이며 성장을 저해하는 부정적 결과를 초래할 수 있다. 《안티프래질》의 저자 니콜라스 탈레브는 이와 같이 안전을 중시하고 실수를 두려워하는, 그리하여 사전에 계획된 예방적, 통제적 교육 방식은 불안정하고 혼란스러운 세상을 살아가야 하는 아이들을 취약(fragile)하게 만든다고 주장한다. 이를 우리는 온실 속의 교육이라고 부른다. 온실 속 통제된 환경 속에서 자란 식물은 바깥세상의 거친 환경에서 살아가는 데 필요한 자생력을 갖추기 어렵다. 이는 사람을 비롯한 동물도 마찬가지다.

필자가 미국 유학 중에 알게 된 사실 중의 하나는, 서양의 부모들은 태어난 이후 아이들이 가급적 빨리 부모에게서 독립하여 자기 힘으로 살아갈 수 있도록 하는 것이 교육의 기본 원칙인 데 비해, 동양의(적어도 한국의) 부모들은 아이를 자신과 일체화하여 아이가 부모에게서 독립하는 시기를 가급적 늦추려고 한다는 것이다. 서양 부모들의 교육적 판단의 기준은 아이의 자립성을 키우는 것인 데 비해 동양 부모의 판단 기준은 아이의 안전, 성공, 그리고 부모의 체면이다. 동양 부모에게는 아이의 성공이 곧 부모의 성공이다. 아이는 부모로부터 아직 분리되지 않은 미분화 상태이다. 서양에서는 부모-자녀 간에도 너는 너고 나는 나이지만, 동양에서는 너는 나고, 나는 너라는 것이다. 물론 동양이든 서양이든 개인차야 있겠지만 이러한 문화적 경향 차이가 존재한다는 문화인류학적 견해들이 있다.

그렇다고 하더라도 문화적 차이로 과잉보호를 합리화하고 있을 수는 없다. 보호와 과잉보호는 다르다. 오래전 퇴근길 운전 중에 라디오 방송에서 들은 내용이다. 자녀 교육 상담 코너였는데, 아이가 도통 부모의 말을 듣지 않고 반항한다는 어느 엄마의 하소연에 대해 상담전문가가 이렇게 말하였다. 아이에게 9시에 TV 끄고 들어가서 자라고 하면 말을 듣지 않는다. 대신 "너 9시에 들어가서 잘래? 9시 반에 잘래?"라고 물으면 "9시 반이요." 하고 그 시간에 들어가 잔다는 것이다.

이는 선택권의 중요성을 말한 것으로 생각한다. 아이든 어른이든 자기가 내린 결정에 대하여 사람들은 책임감을 느낀다. 자기가 선택한 일에 대해서는 책임감과 함께 주인의식을 갖게 된다. 주인의식(sense of ownership)은 그 일에 의미를 부여하고 자신의 역량을 발휘하기 위한 기본조건이다. 같은 일이라고 해도 주인의식을 갖고 있는가의 여부에 따라 일에 임하는 자세와 성취도는 크게 달라질 수 있다. 부모가 자녀의 자율적 판단과 결정권을 가로채는 것은 책임감과 주인의식을 빼앗는 행위이다. 자녀가 자신의 역량을 최대로 발휘하기 위해 필요한, 충분한 의미 부여가 이루어지기 어렵다. 결국 아이는 수동적으로 되고 최선을 다하지 않으며, 부모의 눈에는 게으르고 무기력하게 보이게 된다.

과잉보호는 한편으로 부모의 책임감에서 비롯되는 측면이 있다고 생각한다. 그렇게 하지 않으면 자신의 역할을 다하지 않는 것 같고, 아이에게 최고의 기회를 만들어 주기 위해 애쓰다 보니 어느새 그런 상황에 이르는 것으로 생각한다. 얼마 전에 책에서 읽은 내용이 떠오른다. 완벽한 부모가 되려고 하지 마라. 제주도 돌담에는 바람구멍이 있다. 바람이 통하지 않으면 센 바람에 담이 무너질 수 있고, 담에 가려 바람이 불지 않으면 식물들이 나약해진다. 이 돌담과 같은 부모가 되라는 것이다. 아이들을 지켜주되 아이들에게 부는 바람을 차단하지는 말라는 것이다.

바. 재능 선천성의 맹신

제1부 III장에서 뇌의 가소성과 재능 선천성 맹신에 대한 논의가 있었다. 우리는 아이들의 타고난 재주를 중시한다. 키우다 보니 자기 아이가 영재가 아닐까 생각하는 부모도 많다. 한국인이 세계에서 가장 지능이 높다고 하니

실제로 우수한 재능을 타고난 아이들도 많을 것이다. 그러나, 지금 얘기하고자 하는 것은 우리나라에 실제로 영재가 얼마나 많은가, 우리 아이가 영재인가 아닌가의 문제가 아니라 아이의 재능과 성장에 대한 우리의 생각에 관한 이야기이다. 만일 우리가 아이의 재능은 타고나는 것으로 고정되어 있고 그 재능에 따라 성장의 한계가 결정된다고 생각한다면, 실제로 나타나는 아이의 성취도를 재능의 결과로 생각하고 그것을 아이의 재능 수준으로 판단할 가능성이 있다. 즉, 재능은 눈에 보이지 않으므로 성취도를 통해 판단하게 되며, 몇 번의 성취도를 근거로 재능 수준을 추정하게 될 것이다.

예컨대 수학 성적이 잘 안 나오면 수학에 재능이 없다고 판단할 가능성이 높아진다. 문제는 여기서 시작되는데, 우리는 "이 아이는 수학에 재능이 없는 아이야."라는 가설을 세우게 되고, 이어지는 경험이 이를 입증하게 되면 이젠 가설이 아닌 팩트(fact)로 발전한다. 일단 팩트 수준이 되면 이후 우리의 의사결정은 이 팩트에 기초하여 이루어지게 된다. 이제는 아이의 낮은 수학 점수는 재능 부족 때문으로 설명되며 굳이 다른 이유를 찾을 필요가 없게 된다. 낮은 수학 성적은 아쉽지만, 그 원인을 더 이상 궁금해하지는 않는다. 수학뿐만 아니라 매사에 대하여 기본적으로 우리의 뇌가 그렇게 움직이는 것이다.

자신의 재능이 부족함을 인식하고 남보다 더 많은 노력을 하여 성취도를 높이는 학생이 있을 수 있다. 재능 선천성 믿음이 항상 부정적 결과만을 가져오는 것은 아닐 것이다. 하지만, 사람들은 자신의 재능이 부족함을 이유로 하던 일을 포기하거나 시도조차 하지 않는 경우가 많다. 또한, 남과의 비교를 통하여 상대적으로 재능이 뒤떨어진다고 생각하여 포기하는 경우가 많다. 필자는 고등학교 시절 문과를 택했고 대학도 인문 사회계열에 진학했는데, 그 이유 중의 하나는 나의 큰형이 너무나 이공계 쪽으로 우수하였기 때문이다. 어렸을 때부터 무엇이든지 만드는 것을 너무 좋아하고 잘해서 자타가 공인하는 미래의 공학도였다. 나는 이공계를 가려면 저 정도 재능은 타고나야 한다고 생각했고 내가 이공계를 가봐야 저런 사람한테는 이길 수 없을 거로 생각했다. 지금 생각해 보면 굳이 그렇게까지 생각할 필요는 없었고 이공계로 갔어도 괜찮지 않았을까 하는 생각이 들기도 한다.

부모가 자녀의 재능에 대해 선천성 고정관념을 갖고 있다면 아이의 발전 가능성을 가로막는 오류를 범할 가능성이 있다고 말할 수 있다. 물론 우수한 재능이 보인다면 우선순위를 두어 교육 지원이 이루어지는 것이 필요하겠으나, 한편으로 재능이 없다는 섣부른 판단으로 발전 가능성을 차단하고 성장을 포기하게 되는 일은 없는지 살펴볼 필요가 있다. 재능 판단의 근거가 되는 성취도가 재능 자체가 아닌 교육 방식이나 다른 외부적인 요인에서 비롯된 경우도 있을 수 있다. 아이마다 자신에게 맞는 학습 방식(learning style)이 있을 수 있으므로 교육 방식을 달리하면 성취도가 높아질 수 있는 경우도 있고, 선생님이나 다른 요인에 따라서도 달라지는 경우가 있다. 재능 판단을 너무 단순하게 섣불리 내리는 것은 주의해야 하며, 지금의 재능 수준이 고정적인 것이 아니라 학습경험 여하에 따라 지속해서 발전할 수 있다는 '가소성'에 대하여 뇌 전문가들의 주장이 이어지고 있다.

내가 요즘 좌우명으로 삼고 있는 말이 있다. "중단할 때까지는 실패한 것이 아니다. 내가 중단하지 않는 한 목표에 가까이 가고 있는 것이다." 재능 부족이 공부를 중단해야 할 이유가 될 수는 없다는 것이 내 생각이다. 하물며 그 재능이 남보다 상대적으로 부족하다면 더욱 그렇다. 오히려 그 공부를 남보다 더 열심히, 더 오래 해야 할 이유가 되지 않을까? 그렇게 공부하는 동안에 내 재능도 향상된다면 그야말로 감사한 일이다.

사. 부정적 경험의 전수

자녀에게 부모는 절대적이며 비교할 수 없을 정도로 영향력이 큰 교육환경이다. 부모가 무엇을 추구하고 세상과 어떤 관계를 맺고 어떻게 상호작용을 하며 살아가는가는 아이들에게 그 자체로 중대한 잠재적 교육과정(hidden curriculum)이 된다. 이는 부모의 의도와 상관없이 아이의 성장 과정에서 지대한 영향을 미치게 된다. 평생 동안 뇌리에 남는 인상적인 경험도 있고 가랑비에 옷이 젖듯 일상에서 부지불식간에 아이에게 스며드는 것도 있다. 부모가 세상에 대한 부정적 태도와 정서를 자주 표출하면 이는 아이에게 어떤 식으로든 전달되고 영향을 미치게 된다. 편견과 고정관념, 증오와 혐오, 경멸과 비난, 차별 등을 담은 말과 행동은 자녀의 인지 모형 형성에 부정적 요소로 작용할 것이 분명하다.

이보다 더 심각한 것은 부모 자신의 비윤리적, 비도덕적 행위이다. 부모가 만일 목적 달성을 위해 수단과 방법을 가리지 않고 위선, 거짓, 적당주의, 불의와의 타협, 편법이나 불법 등의 행태를 일삼으며 원리 원칙을 무시하는 삶을 산다면, 이는 아이들에게 어떤 식으로든 영향을 미치게 될 것이다. 특히 아이들이 아직 충분한 분별력을 갖지 못하는 시기에는 부모가 세상을 살아가는 방식을 맹목적으로 수용하여 결국 자신도 비슷한 삶을 살게 될 가능성이 높아질 것이다.

부모의 부정적 행위 중 가장 심각한 것은 자녀에 대한 무관심과 방치, 학대와 폭력일 것이다. 요즘 뉴스를 보면 부모의 자녀 방치와 학대 사건이 부쩍 늘어난 것 같아 안타깝다. 나는 가정의 기본적 기능이 '돌봄, 관계, 배움'이라고 생각한다. 이는 곧 부모의 책임으로 연결되는데, 부모는 자녀가 안전하고 건강하게 성장할 수 있도록 돌보고, 자녀와 긍정적인 관계를 형성함으로써 아이가 사회적 관계에 대한 신뢰를 키울 수 있도록 하며, 자녀가 세상에 나아가 행복한 삶을 살기 위해 필요한 기초적인 배움을 제공해야 한다는 것이다. 자녀에 대한 무관심과 방치는 첫 번째 돌봄의 의무를 방기하는 것이며, 학대와 폭력은 최악의 사회관계 경험을 제공함으로써 아이의 정신을 파괴하는 범죄에 해당하여 특히 두 번째 관계 기능을 심각하게 왜곡하는 것이다. 이러한 열악한 상황에서 배움의 제공이라는 세 번째 기능은 도저히 기대하기 어려울 것이다. 오히려 부정적인 학습의 누적으로 앨리스 밀러가 지적한 바와 같이 심리적 트라우마를 동반한 정신적 고통과 후유증을 성인이 된 후에도 피하기 어렵게 될 것이다.

어떤 부모도 자녀에게 일부러 부정적인 경험을 갖도록 하지는 않을 것이다. 그러나 실제로는 그러한 사례들이 빈번하게 발생한다. 우리는 자신도 모르는 사이에 크든 작든 아이에게 부정적인 영향을 미치고 있을지도 모른다. 즉, 남의 이야기가 아닐 수도 있다는 말이다. 아이들은 고통을 겪으면서도 대부분 부모에게 대들거나 항의하지 못한다. 아이들의 저항이 약하기 때문에 부모는 이를 깨닫지 못하고 계속 실수를 저지를 수 있다. 앨리스 밀러에 의하면 학대당하는 아이 중에는 그것이 부모가 아니라 자신의 잘못 때문이라고 생각하는 경우가 많다고 한다. 아이가 긍정적이고 행복한 삶을 살기 원하는 부모라면 스스로 자기 말과 행동을 성찰해야 하는 이유다.

지금까지 제시한 행동유형 외에도 부모들이 주의하여야 할 사항은 많을 것이다. 예컨대, 도구주의 교육관의 경우도 그것이 잘못이라고 비난할 일은 아니지만 그것이 지나친 경우의 문제점을 부모들도 인식할 필요가 있다. 자기 아이의 이익만을 챙기고 다른 아이들의 손실에 대해서는 눈을 감는 이기주의적 태도도 지양해야 할 것이며, 남과의 비교를 넘어서 남을 맹목적으로 따라

하기와 같은 주체성이 결여된 행동도 경계해야 한다. 존엄의 경시, 남과의 비교, 과잉보호, 부모의 틀 씌우기, 차별적 행동, 재능 선천성 맹신, 부정적 경험 전수 등은 아이의 긍정적, 주체적 성장을 저해하고 잠재력 발휘를 가로막으며, 부모와 자녀 사이의 관계를 왜곡하고 대화를 단절시키는 등 부정적인 결과를 초래할 가능성이 높다. 이러한 결과는 부모의 의도와는 상관없이 일어나는 일들이다. 자식의 성공과 행복을 바라지 않는 부모는 없겠으나 부모 자신의 사고방식과 행동 방식에 따라 그 결과는 천양지차가 될 수 있다. 사람이 어떤 조건에서 지속해서 성장하고 발전하는지, 어떤 조건에서 자신의 역량을 최대로 발휘하는지에 대한 이해는 누구보다도 자녀 교육을 1차로 책임지는 모든 부모에게 필수적인 요건이라고 할 수 있다. 이 책이 제시하는 '효율 패러다임'의 문제점과 '성장 패러다임'의 필요성과 본질에 대한 이해가 학부모들에게도 반드시 요구되는 이유이다.

3. 교육행정공무원

가. 정책의 본질은 '변화'

교육정책은 대부분 어떤 변화를 전제로 한다. 즉, 현상을 보다 나은 방향으로 변화시키려고 하는 것이 정책의 목적이다. 학교 교육에 관한 정책은 학교 교육의 조건과 결과를 향상시키고자 하는 목적을 지닌다. 그렇다면 정책의 본질은 변화라고 해도 과언이 아니다. 좋은 정책이란 원하는 변화를 제대로 이루어 낼 수 있는 정책이라고 할 수 있을 것이다. 교육정책 업무를 담당하는 교육행정공무원들은 이러한 변화를 실제로 이끌 수 있도록 정책의 과정을 설계하고 실행할 수 있어야 한다. 요컨대, 그들에게 필요한 핵심 역량은 변화를 끌어낼 수 있는 역량이다.

교육행정공무원이 교육에서의 변화(이하 '교육 변화')를 끌어내려면 어떤 역량이 요구되는가? 먼저 교육 변화가 무엇을 의미하며, 어떤 조건에서 변화가 일어나는가를 알아야 할 것이다. 교육 변화란 궁극적으로 학생의 바람직한 변화, 즉 성장을 전제로 한다. 학생의 성장에 도움이 되지 않는다면 아무리 공을 들인다 해도 그것은 정상적인 교육 변화라 할 수 없다. 이 대목에서 우리는 앞에서 살펴본 교육에서의 효율 패러다임이 왜 근본적인 문제를 지니고 있으며, 왜 성장 패러다임이 요구되는지를 알 수 있다.

학생의 성장이 일어날 수 있는 변화의 조건은 무엇인가? 학생의 성장이란 학생의 사고, 태도, 행동, 신념에 긍정적인 변화가 일어나는 것을 말한다. 앞에서도 논의하였듯이 이러한 교육적 변화는 학생의 유의미한 학습경험을 통해 일어날 수 있다. 유의미한 학습경험에 영향을 미치는 요인은 교육의 방법, 교육의 과정, 교육평가, 교육의 동기 등이었으며 이들은 학교의 조직문화와 운영 체제에 의해 영향을 받는다. 그 내용은 이미 제2부 Ⅰ장 제2절의 성장 패러다임에서 다루었다. 결국 교육행정공무원에게 요구되는 핵심적인 역량은 학생의 성장이 교육정책의 궁극적인 목적이며 학생의 성장을 위한 성장 패러다임에 기초한 교육정책 과정이 이루어져야 함을 인식하여, 성장 패러다임에 의한 교육정책과 행정이 어떤 모습이어야 하는가를 깊게 이해하고 실천에 옮기는 것이다.

이와 관련하여 교육행정공무원은 '변화'의 본질과 조건에 대한 학습이 필요하다. 자기 업무의 핵심이 변화를 다루는 것이기 때문이다. 변화의 속성, 조건, 과정과 단계, 변화를 촉진하고 이끄는 동인(動因), 변화를 저해하는 장애 요인 등에 대한 지식과 이해가 필요하다.[19] 교육에서의 변화란 주로 사람들의 사고, 태도, 행동, 신념의 변화를 의미하며, 이러한 차원의 변화는 물리적, 기계적 변화와는 속성을 달리한다. 앞에서 논의하였듯이 우리 교육행정은 변화 모드가 아니라 관리모드에 해당하는 방식으로 이루어져 왔으며, 이는 곧 효율 패러다임을 의미한다고 하였다. 성장 패러다임에 의한 교육정책과 행정을 펴나가려면 먼저 관리모드 또는 효율 패러다임의 한계와 문제점을 심층적으로 인식하여야 한다.

나. 정책 실행은 재창조의 과정

정책의 과정을 투입-과정-산출의 체제모형에 의하여 고찰하면, 산출 (output)은 투입(input) 변인뿐만 아니라 과정(process) 변인에 의해서도 영향을 받는다는 것을 알 수 있다. 따라서, 교육정책 추진에 있어서는 투입 요인뿐만 아니라 과정 요인을 마찬가지로 중요하게 다룰 필요가 있다. 교육정책이 논의되고, 채택되고, 시달되고, 시행되고, 평가가 이루어지는 일련의 과정에는 다양한 집단들이 관련되고 개입한다. 이들은 모두 자신의 이해관계를 바탕으로 이 과정에 직접, 간접으로 참여한다. 라인(1983)이 말한 대로 정책의 과정은 재창조의 과정이다. 다양한 집단들은 자기의 입장과 관점에서 정책을 해석하고 의미를 부여하며, 그 의미에 따라 정책에 대한 반응을 결정한

---

19 127-130쪽 참조. 변화에 대한 이론은 김인희 (2008).《학교교육혁신론》이나 김인희 (2019).《교육복지와 학교혁신》을 참고하시기 바란다. 변화의 핵심 조건은 열정*시간인데 열정은 변화하고자 하는 사람의 변화에 대한 열의이며 시간은 변화를 위해 필요한 학습의 시간이다. 이 조건 충족의 바탕이 되는 요소는 '의미 부여'이다. 즉 변화 주체의 의미 부여가 이루어지지 않으면 변화는 이루어질 수 없다는 것이 저자의 요지이다. 의미 부여에 대해서는 2부 1장 2절에서 이미 다루었다.

다.[20] 이는 당초에 정책을 결정한 사람들의 생각과는 얼마든지 차이가 날 수 있고 오히려 정반대로 재해석될 수도 있음을 말하는 것이다.

이렇게 보면 정책 과정이란 정해진 한 가지 정답을 따르는 것이 아니라 저마다 다른 정답을 찾는 과정이라고도 할 수 있을 것이다. 또한, 정책이 추진되는 과정은 다양한 사람들이 저마다 변화를 만들어가는 재창조(reinvention)의 과정이라고도 할 수 있을 것이다. 따라서, 정책의 결과는 이러한 과정의 다양성이 결합한 결과라고 할 수 있는바, 정책을 통해 모종의 변화를 일으키고자 한다면 변화의 과정 요인을 연구해야 하며, 이를 위해서 변화 이론을 공부해야 하고 변화의 과정에 대한 설계 능력을 키워야 한다.

다. 귀납적 정책과제 도출과 실행 과정의 유연성, 정책은 하나의 가설[21]

교육행정공무원은 자신의 업무 방식이 연역적 접근을 취하고 있다면 귀납적 접근으로 근본적으로 전환할 필요가 있다. 교육 현장이 겪는 만성적인 문제 중의 하나는 변화 과제가 외생적(exogenous)이라는 점이다. 즉, 변화 과제가 교육 현장에서 스스로 택한 것이 아니라 밖으로부터 주어진 것이라는 점이다. 학교 밖에서 수집된 멋지고 그럴싸해 보이는 아이디어들을 적당히 가공해서 학교로 배달할 것이 아니라, 학교 안에서 무엇이 문제가 되고 있는지를 깊게 들여다보는 데서 출발하여야 한다. 학생들의 교육 소외가 어떻게 발생하고 그 이유는 무엇인지, 어떤 요인들이 교사들의 정상적인 교육활동을 방해하는지, 이러한 문제들을 해소하려면 어떤 조치들이 필요한지에 대한 정

---

20   Rein, M. (1983).《From policy to practice》.

21   이 부분은 김인희 (2008).《학교교육혁신론》중에서 발췌 수정한 내용임.

보와 의견을 현장으로부터 귀납적으로 수집하여 분석하고 이에 대한 체계적이고 현실적인 대응 방안을 마련함으로써, 현장 교육 개선에 실질적으로 기여할 수 있는 접근이 이루어져야 한다. 이러한 방식으로 수립된 정책은 학교의 현실과 동떨어진 채 수립된 외생적인 과제가 갖는 비현실성, 비일관성, 불연속성 등의 고질적인 문제를 상당히 해소할 수 있을 것이다.

이를 위해 요구되는 교육행정의 핵심 요소는 현장 상황(local context)에 대한 감수성(sensitivity)이다. 교육행정공무원들이 교육 변화의 주체인 현장 교사들의 의미 부여가 갖는 중요성을 이해한다면, 각 학교가 놓여 있는 현실적인 상황에 관심을 두지 않을 수 없다. 귀납적인 정책 수립을 한다고 하여도 그것이 획일화된 안으로 귀착된다면 다양한 조건에 놓여 있는 현장에서 수용되는 데 있어 다시 한계를 드러낼 것이다. 따라서, 정책안은 그것이 시행될 학교의 상황에 맞추어 현장에서 수정, 보완 및 재창조될 수 있는 여지를 제공하는 것이어야 한다. 다시 말하면 정책의 기본은 유지하되 다양한 상황에 놓여 있는 학교에 대하여 제각각 다른 버전의 적용이 허용되어야 한다. 이는 목표수준 설정에 적용될 수도 있고, 실천 방법이나 시간 계획, 평가 기준 등에 다양하게 적용될 수 있을 것이다.

Tyack과 Cuban(1996)은 개혁 플랜을 명확하게 부과되는 정책으로서가 아니라 실제의 긍정적, 부정적 효과를 바탕으로 평가되고 재구성되어야 할 개념으로 인식하는 것이 유용하다고 보면서, 이는 Dewey의 실용주의 철학, 즉 목적과 결과란 고정된 것이 아니라 실제의 경험을 통해 끊임없이 재평가되어야 한다는 아이디어에 바탕을 두고 있음을 강조한다. 즉, 하나의 정책안은 최종적인 결론이 아니라 하나의 가설(hypothesis)로 기능하여야 한다는 것이다. 그것이 실행되는 과정은 이러한 가설을 검증하기 위한 노력이며 가설 자체의 타당성은 실행 과정 및 그 검증 결과를 통해 입증되는 것이다.

이러한 입장이 가지는 장점은, 그 정책안을 받아들이는 현장의 사람들이 그것이 자기 의사와 상관없이 최종적으로 결정되어 정답과 같이 주어지는 과제가 아니라, 자신의 참여를 통해 그 타당성을 검증해야 할 대상으로 인식하는 것이며, 검증이 제대로 이루어지는가의 여부는 자신의 진지한 참여에 달려 있음을 깨닫게 하는 것이다. 결국 자신이 정책 결정 과정에 참여하게 되는 것이며, 자신의 실천적 경험에서 비롯된 현실적인 의견들을 최대한 반영시킴으로써 보다 나은 정책을 도출하는 데 기여하게 된다는 것이다. 이는 귀납적 정책 도출과 함께 실행 과정의 다양한 현장 상황을 고려하기 위한 대안이 되는 동시에, 현장에 있는 사람들에게 유의미한 참여 기회를 부여함으로써 개혁 과제 수행에 있어 주체성과 책임 의식을 고취하는 계기가 될 수 있을 것이다.

라. 교육의 형식주의를 조장 · 방치하는 교육행정의 혁신

제1부 Ⅲ장에서 학교조직의 문제를 논의하면서 학교 현장의 형식주의를 비중 있게 다루었다. 학교 현장에 형식주의 행태가 폭넓게 확산해 있다면 아무리 훌륭한 내용의 정책을 시달한다고 해도 그 결과는 형식적인 실행에 그치고 실질적인 교육 변화는 이루어지지 않을 가능성이 높다. 학교의 형식주의는 주로 다음과 같은 외부 요인에 기인하는 바가 크다는 점을 이미 논하였다.

- 외부로부터 주어진 과제가 기존 업무의 내용 · 방식과 연계성, 일관성, 연속성이 결여됨
- 과업 수행을 위한 여건, 자원, 능력이 충분히 갖추어지지 않음
- 조급하게 과제가 추진되고 성급하게 결과를 요구함
- 외양 및 가시적 측면에 대한 피상적 평가 및 외재적 보상이 중시됨

따라서 교육정책과 행정을 담당하는 공무원들은 자신들이 적용하는 방식이 학교에 이와 같은 부정적 외부 요인으로 작용하고 있지 않은지 살피는 자기 성찰이 요구된다. 이 문제는 개인의 업무 성향보다는 상당 부분 교육행정을 지배하는 기존의 효율 패러다임에서 기인하는 측면이 크다고 본다. 제1부 Ⅲ장에서 교육정책·행정의 문제에 대하여 여러 가지로 살펴보았는바, 교육을 통해 학생의 성장이 이루어져야 할 학교 교육의 현장이 형식주의에 사로잡혀 사람의 노력과 자원을 낭비하고 학생과 교사의 소외를 발생시키는 모순에 빠지지 않기 위해서는, 학교의 형식주의를 예방 및 해소하기 위한 교육행정의 패러다임 전환이 우선 이루어져야 한다.

이와 아울러 역시 학교의 형식주의 행태 수준에 영향을 미친다고 생각되는 학교조직 내부 요인에 대해서도 학교관리자와 교직원들이 형식주의를 극복하고 잠재 역량을 최대한 발휘할 수 있도록 조직의 내적 역량을 강화하는 방향으로 학교 관련 정책을 신중하게 펼쳐나가야 할 것이다.[22] 무엇보다도 교육행정 자체가 형식주의에 빠지지 않도록 하는 것이 중요하다.

마. 교육의 본질을 지키려는 노력

교육정책을 결정하고 집행하는 과정에는 수많은 압력과 간섭이 작용하게 마련이다. 그중에는 민주주의적 정책 과정에서 당연히 수용되고 반영되어야 할 사항도 있겠으나, 그 힘이 교육정책으로 하여금 교육의 본질을 지키기 어렵게 하는 방향과 방식으로 작용하는 경우가 적지 않다. 예를 들면 교육적 판단이 중시되어야 할 국면에서 정치적 이해관계가 개입되는 경우를 들 수 있

---

22 학교조직의 내부 요인에 대해서는 131-134쪽 참조.

다. 교육적 판단에서 중시되어야 할 교육의 본질이란, 이미 논의하였듯이, 아이들의 학습을 통한 성장을 최우선으로 하는 것이다. 만일, 교육감이 정책의 우선순위를 정할 때 아이들의 성장보다 자신의 선거에 대한 유불리를 따져서 결정한다면 이는 정치가 개입되어 교육의 본질을 손상시킬 수 있는 예라고 할 수 있다. 더 나아가 특정한 정치세력의 파당적 이해관계나 경도된 이념에 의해 교육정책이 재단되고 오염된다면 교육의 정치적 중립성을 명시한 헌법에 위배되는 것이며 그 폐해는 결국 아이들에게 돌아가는 것이다.

교육 본질에 대한 위협은 정책을 담당하는 관료들의 행정편의주의나 집단적 이익 추구 등과 같은 행태로부터 비롯되기도 한다. 부정부패가 문제가 됨은 거론할 필요조차 없을 것이다. 교육 본질에 대한 위협은 교육정책 과정에 영향을 미치는 관계기관이나 이해관계집단으로부터 나타나기도 한다. 교육행정기관의 자원, 즉 예산이나 조직, 정원, 인사 등에 대한 권한을 가진 외부기관이나 감사권을 가진 기관 등 교육행정에 직간접으로 영향을 미칠 수 있는 여러 기관이 있으며 이들은 각자 자기들의 방식으로 교육정책에 영향을 미칠 수 있다. 이들이 교육행정기관에 개입하는 기준과 방식이 결과적으로 교육의 본질을 해치는 방향으로 작동할 가능성을 배제할 수 없다. 예컨대, 예산편성권을 쥐고 있는 경제부처나 국회가 교육부의 사업예산을 조정함에 있어 교육의 논리가 아니라 경제 논리 또는 정치적 계산을 적용함으로써 교육의 본질을 왜곡시킬 수도 있다.

수많은 압력과 간섭으로부터 교육의 본질을 지켜내야 하는 첫 번째 책임은 교육행정공무원에게 있다. 물론 교육부 장관이나 교육감이 가장 큰 책임을 져야 할 것이나, 이들 역시 정치적으로 임명되거나 선거라는 정치적 방식을 통해 선출되는 사람들이므로 정치로부터 자유롭지 못하다는 한계를 지닌다. 이와 같이 교육 본질이 위협받는 상황은 비일비재할 것이며 실제로 위협에

굴복하거나 타협하는 일들이 벌어질 수 있다. 그로 인한 부정적 영향이 결국 이런저런 과정을 거쳐 학교 교육 현장에 미치게 될 것이며, 교육 현장의 긍정적, 생산적 에너지를 저해, 소모, 고갈시키는 방향으로 작용할 것이다.

교육행정공무원, 즉 직업적인 교육 관료는 교육, 교육정책, 교육행정에 대한 실력을 갖춘 권위 있는 전문가로서 교육의 본질을 지키고자 하는 신념과 사명감을 지니고 직무에 임하여야 한다. 교육 관료 한 사람 한 사람이 자기 일에 대한 소명 의식과 전문적 실력을 갖추고 있지 못하면 외부로부터의 힘과 간섭에 쉽게 흔들리게 된다. 교육 관료는 교육의 본질을 해칠 수 있는 다른 외부 논리와 힘 또는 내부의 도전과 유혹에 맞서 싸울 수 있는 역량과 정신을 갖추어야 한다. 경제 관료는 경제 논리를 가지고 싸우며 과학기술 관료는 과학기술 논리를 가지고 싸운다. 교육 관료는 당연히 교육 논리를 가지고 싸울 수 있어야 한다. 그러려면 교육, 교육정책, 교육행정에 대한 실력을 길러야 한다. 무엇보다 교육에 대한 전문성이 있어야 한다. 적어도 교육에 대해서는 누구에게도 지지 않을 정도의 실력을 바탕으로 권위를 확보하지 않으면 교육의 본질을 지키는 싸움에서 승리하기 어려우며, 교육의 본질을 지키지 못한다면 이는 곧 교육 관료로서의 권위와 존재 가치가 큰 손상을 입는 것이다.

바. 생태주의적 접근에 대한 이해와 적용

교육의 미래에 대한 전망을 보면 생태주의 접근이 중요해질 것이라는 예측이 많이 등장한다. 필자도 이에 동의하며 생태주의가 왜 중요하게 적용되어야 하는지를 살펴보고자 한다. 생태주의란 무엇인가? 먼저 생태(ecology)의 뜻은 무엇인가? 생태는 '어떤 생물군과 그들이 살아가는 환경과의 관계'를 말한다. 또한 이 관계의 유형(pattern)과 균형(balance)이 관심의 대상임을 영영

사전에서 ecology를 찾아보면 알 수 있다. 생태계라는 용어의 사전 정의를 보면 생태의 이해가 좀 더 명확해진다. 생태계란 '어느 환경 안에서 사는 생물군과 그 생물들을 제어하는 제반 요인을 포함하는 복합체계'이다.

생태를 이해하려면 먼저 체제(system)의 개념을 이해하여야 하는데, 생태는 체제라는 개념을 기반으로 하고 있기 때문이다. 두 용어는 모두 생물학에서 사용되기 시작하여 다른 분야로 널리 확산하였다. 체제란 환경 속에서 생존하는 실체(entity)로서 생존을 위해 환경으로부터 자원을 획득하여 투입(input)하고 일련의 내적 과정(process, throughput)을 거쳐 환경에 다시 산출(output)을 내보내는 방식으로 살아간다. 체제는 환경과 구분되는 경계(boundary)를 지니고 있어 체제 안과 밖이 구분된다. 체제 안에는 구성 요소들(elements)이 있으며 이 요소들은 서로 연결되어 상호작용하며 그만큼 서로 영향을 미친다.

체제는 생존의 동기를 지니고 있으며 생존을 위해서는 자원의 안정적인 투입이 이루어져야 하므로 자원을 제공하는 환경에 의존적일 수밖에 없다. 환경이 불안정하거나 자원이 부족해지면 체제도 생존에 위협을 받게 된다. 체제가 오래 살아남기 위해서는 안정적인 자원의 확보를 위한 노력이 필요하게된다. 투입되는 자원이 줄어도 그 내적 과정을 효율화하여 생산성을 높임으로써 종전의 산출을 유지하려는 노력과 함께 환경에 존재하는 자원의 고갈을막기 위한 공동의 노력도 여기에 포함된다.

생태(ecology)란 이러한 체제와 환경과의 관계를 의미하며, 그 관계의 중요성은 체제의 생존과 환경의 지속가능성과 관련되는 것이다. 체제는 단지 생물체만이 아니라 조직과 같은 사회집단에도 적용된다. 학교와 같이 사람을 구성요소로 하는 체제를 사회체제(social system)라 부른다. 학교라는 체제와 학교가 존재하는 환경과의 관계를 우리는 생태의 관점에서 바라볼 수 있다.

이와 같이 어떤 현상을 생태의 관점에서 관찰, 인식, 해석, 대응하는 접근법을 생태주의라 부를 수 있다. 또한, 이 접근법에서 중요한 아이디어는 한 체제가 생존, 유지, 발전하기 위해서 환경과 어떤 관계를 맺고 어떻게 상호작용해야 하며, 특히 환경의 변화 속에서 자원의 안정적 확보를 위하여 체제는 어떤 노력을 하여야 하는가이다. 결국 양자의 관계는 균형, 공존, 공영(共榮) 또는 공진화(co-evolution)가 키워드가 됨을 알 수 있다.

교육행정의 중요한 과제 중의 하나는 학교를 보다 생산적이고 효율적인 체제로 기능할 수 있도록 조건을 구축하는 것이다. 학교를 하나의 체제로 볼 때 이 과제는 생태주의적으로 접근하는 것이 충분히 가능하다. 학교의 정상적인 기능을 위해서는 학교의 구성요소들이 적정하게 갖추어져야 하는데 이를 위해서는 환경으로부터 적정한 자원의 투입이 이루어져야 한다.

자원이란 학생, 교직원 등의 인적 자원, 예산, 시설과 같은 물적 자원, 교육과정이나 교육 방법과 같은 정보·기술 자원 등이 망라된다. 이들 구성요소 간의 결합과 상호작용을 통해 학교 교육의 과정(process)이 진행되고 그 결과로 산출이 얻어지고 이는 환경으로 보내지게 된다. 예컨대, 학생들이 졸업하여 사회로 진출하는 것이 대표적인 학교 체제의 산출이 될 것이다. 학교의 산출은 환경으로부터 평가를 받게 되며, 이 평가가 누적되어 학교의 평판(reputation)이 형성된다. 학교에 대한 평가와 평판은 학교가 환경으로부터 획득할 수 있는 자원의 양과 질에 다시 영향을 미치게 되는데 이를 환류(feedback)라 부른다.

학교의 입장에서 볼 때, 환경에는 매우 다양한 주체들이 존재하면서 학교에 모종의 힘을 행사한다. 가장 영향력 있는 주체는 교육청이다. 학교가 필요로 하는 대부분의 자원 확보는 교육제도와 교육정책을 관장하는 교육청을 통해 이루어진다. 교사의 발령, 학생 배정, 예산 배부, 행정지침 시달 등 수많은 자원의 투입은 교육청을 거친다. 학부모 역시 매우 중요한 환경의 요소이며, 업무적으로 관련되는 지역사회기관·단체들도 무시할 수 없다. 학교가 지속해서 유지 발전하기 위해서는 환경의 다양한 주체들과 우호적인 관계를 맺어야 하는 것이 상식이다. 양질의 자원을 안정적으로 획득하기 위해서는 학교에 대한 평판을 가급적 좋게 형성하고 관리해야 하기 때문이다.

학교는 환경 의존적인 개방체제이기 때문에 환경의 변화에 어느 정도 민감하게 대응해야 하는 것이 현실이다. 정권이 교체되어 교육정책이 급격히 바뀌기도 하고, 경제 상태가 악화하여 예산이 줄어들기도 한다. 지역 개발로 인해 학생 수가 늘기도 줄기도 한다. 교육과정의 변화는 교사들의 새로운 교육방법적 노력을 요구하기도 한다. 혁신학교 지정과 같은 경우 학교 운영 전반에 상당한 변화를 불러오기도 한다.

생태주의적 접근은 학교가 놓인 상황을 객관적으로 분석하고 학교가 어떤 노력을 하여야 하는가에 대한 전략 제시를 도울 수 있는 효과적인 '생각의 틀'이 될 수 있다고 본다. 이는 상황을 이루고 있는 다양한 요소들을 유기적으로 연계하여 바라볼 수 있게 하고, 정적인(static) 관계에 머물지 않고 요소 간의 역동적인(dynamic) 상호작용을 파악할 수 있게 하며, 시간의 흐름에 따른 종적인 분석과 함께 상황적 연관성을 횡적으로 분석할 수 있는 시각을 제공한다.

또한, 학교 내부 문제와 학교 밖 환경의 문제를 각각 그리고 서로 연계하여 통합적으로 살필 수 있는 관점을 제공한다. 무엇보다 학교가 환경 속에서 높은 평판을 얻고 존립의 정당성을 인정받아 지속 발전할 방안을 모색하는 데에 있어서, 일관성 있게 융합적으로 사고를 전개해 나갈 수 있는 사고의 틀 (frame)을 제공해 준다는 점에서 매우 유용하다고 본다. 이러한 생태주의적 접근은 학교 문제를 비롯하여 교육정책과 관련된 다양한 대상과 상황에 관하여 폭넓게 적용할 수 있는 관점이라고 생각되며, 교육정책을 담당하는 교육행정공무원이라면 반드시 숙지하여 효과적으로 활용할 수 있어야 할 것이다.

사. 바람직한 미래에 이르기 위한 변화설계도의 작성

정책을 수립하고 집행하는 일은 변화의 과정을 설계하고 실행하는 일이라 할 수 있다. 정책을 통한 현실의 변화는 미래로 이어지게 되며, 그 변화의 과정 자체가 미래를 향해 나아가는 과정이 된다. 현재가 과거로부터 이어진 과정의 결과이듯이 미래는 지금부터 우리가 만들어 가는 과정의 결과이다. 즉, 정책을 수립하고 집행하는 일은 미래를 만들어 가는 과정이다. 변화의 과정 중에는 장벽과 암초를 만나기도 하지만 때로는 우군과 후원자를 만날 수도 있다. 정책은 현실에 토대를 두되 미래에 대한 분명한 비전과 전략을 품어야 한다. 그 정책이 정책에 참여하는 많은 사람에게 희망과 꿈이 되고 등대와 나침반이 되어야 한다. 우리가 원하는 미래, 우리가 도달하고자 하는 목표에 대한 명확한 그림이 제시되어 참여자들에게 동기를 부여하고 의미를 제공할 수 있어야 한다.

미래로의 변화를 설계하고 실행해야 하는 책임자인 교육행정공무원은 미래 변화에 대한 이해와 그 미래에 도달하기 위해 거쳐야 하는 경로와 과정에 대한 철저한 분석과 탐구에 기초하여 변화설계도를 작성하여야 한다. 설계도의 생명은 그 설계에 따라 실행했을 때 정말 우리가 원하는 변화가 일어나야 한다는 것이다. 즉, 설계도의 기능성(functionality)이 높아야 하며 이는 곧 실행 가능성(feasibility)을 갖추고 있음을 의미하는 것이다. 겉으로는 화려하고 팬시(fancy)하지만, 막상 그대로 실행하기도 힘들고 실행하였을 때 원하는 결과가 나타나지도 않는 설계도는 설계도로서의 가치가 없는 것이다. 자신이 참여하여 만든 정책이 진정한 교육 변화를 끌어내는 힘을 갖는가의 여부는 교육행정공무원이 미래에 대한 명확한 비전을 품고, 현실의 문제와 한계에 대한 정확한 인식을 바탕으로 실질적 변화를 만들어낼 수 있는 전략과 대안이 담긴 정책, 즉 변화의 설계도를 만들어낼 수 있는가의 여부에 달려 있다고 할 수 있다.

4. 정치인

가. 교육의 본질에 대한 이해와 존중

우리나라 정치인 중에 교육의 중요성을 인식하지 못하는 이는 별로 없을 것이다. 그러나 교육의 본질에 대한 깊은 이해와 소신이 있는 이는 많지 않은 것 같다. 정치인들은 주로 교육을 도구주의적 관점에서 보는 경향이 있다고 생각된다. 국가와 사회발전을 위해 인재를 양성해야 한다거나 지역에 우수한 인재를 유치, 확보하기 위해 지역 학교를 발전시켜야 한다거나 하는 등의 생각이 대표적이다. 교직에 근무한 경력이 있거나 교육 관련 분야를 전공한 정치인이라면 모를까 대체로 정치적 관심과 이해관계의 차원에서 교육 문제를 인식하고 대응하는 성향을 보인다고 볼 수 있다.

정치는 교육의 본질을 중시하는 방향과 방식으로 교육에 도움을 주어야 한다. 앞에서 언급하였듯이 교육정책과 행정에 대한 정치적 압력과 거친 개입은 교육의 본질과 원리를 손상시킬 가능성을 안고 있다. 이러한 병폐를 완전히 예방하는 일이 쉽지는 않겠으나, 적어도 이를 최소화하는 방법은 정치인들 자신이 교육의 본질과 원리를 이해하고 자신들의 정치적 행태가 이를 저해할 수 있다는 문제의 심각성을 인식하는 것이다. 국가 수준과 지방자치단체 수준에서 정치인들에 대하여 이러한 인식을 심어주는 학습 프로그램이 운영될 필요가 있으며, 정치적 작용에 따라 교육의 본질과 원리가 침해될 우려가 있는 경우 교육 당국 또는 학부모 등이 이에 대한 견제나 이의 제기를 할 수 있는 권리와 조정 절차가 제도적으로 도입될 필요가 있다.

나. 정치 이념적 프레임으로 교육의 가치를 해치지 말아야

이 책의 도입부에서도 언급하였듯이 우리나라는 정치 이념 간의 대립과 충돌이 매우 심각한 형편이다. 이러한 이념 대립의 여파는 그대로 교육에도 전달된다. 오래된 평준화 해제 논란, 자사고, 혁신학교의 지정과 폐지를 둘러싼 갈등 등이 그 예이다. 보수와 진보 두 정치세력의 이념적 대립으로 인해 교육부 장관이나 교육감이 바뀌면 정책 변경으로 인해 교육 현장에 혼선이 생기는 경우가 드물지 않다. 교육에서의 이념적 대립은 교육 기회의 평등이냐 교육의 수월성이냐 같은 이분법적 대립을 중심으로 관념적 논쟁을 지속해 왔다. 그러나 이러한 논란 속에서 교육의 본질인 '학생의 성장'이라는 실존적인 문제는 도외시되는 경우가 많았다.

교육철학자이자 교육부 장관을 지낸 이돈희 교수는 우리 교육을 현실적으로 좌우하고 있는 세 가지의 가치를 평등성(equality), 수월성(excellence), 교육적 본질(essence)이라고 지적하고 최우선으로 추구되어야 할 가치는 역시 교육적 본질이 되어야 한다고 주장하였다. 이는 필자가 주장하는 성장 패러다임으로의 전환과 맥을 같이한다. 평등이나 수월성은 모두 중요한 가치이나 교육의 본질을 희생해 가면서 추구해야 할 정도로 중요하다고 할 수는 없다. 학생의 성장이라는 교육의 본질이 훼손된 상태에서의 평등이나 수월성은 실질적으로 달성될 수도 없고, 설사 외관상, 명목상으로 성과가 있는 듯이 보이는 경우가 있다고 하더라도 그것은 착시이거나 일시적, 표피적 현상일 가능성이 높다. 교육 그 자체가 정상적으로 이루어지지 않는데 다른 2차적인 가치들이 무슨 의미를 지니고 또 어떻게 실현될 수 있겠는가?

정치인들은 교육을 자신들이 추구하는 정치 이념의 틀 속에서 관념적, 거시적, 도구주의적으로 접근하는 경우가 많다. 그러나 교육의 본질은 학생 하나하나의 작지만 의미 있는 학습경험과 그 학습을 밑거름으로 하여 이루어지는 성장에 있다. 이 '작지만 소중한 성장'의 실체가 교육의 근본적인 존재 이유를 제공한다. 정치인들이 이러한 교육의 본질을 일부러 해치고자 하지는 않겠지만, 본질을 지키고자 하는 적극적인 의지가 없거나 본질 자체에 대한 인식이 결여된 경우에는 자신의 의도와 상관없이 결과적으로 교육의 본질을 손상하는 우를 범할 가능성이 높다는 점을 인식해야 한다.

다. 선거나 파당적 목적으로 교육을 이용하지 말아야

우리나라 헌법과 법률은 교육의 정치적 중립성 보장을 규정하고 있다.[23] 국가와 지방자치단체의 중요한 교육정책이 결정되는 과정 자체가 민주주의적 정치 과정을 거치게 되어 있으므로 교육이 정치로부터 완전히 분리될 수는 없다. 교육의 정치적 중립성이란 정치와의 무관성을 의미하는 것이 아니라, 정치적 파당이나 정치인의 사적 목적 달성을 위해 교육의 본질을 희생시키는 행위를 금지하는 것이라 해석해야 한다. 예컨대, 정치인이나 정치세력이 선

---

23 대한민국헌법 제31조 ④ 교육의 자주성·전문성·정치적 중립성 및 대학의 자율성은 법률이 정하는 바에 의하여 보장된다. 교육기본법 제6조(교육의 중립성) ① 교육은 교육 본래의 목적에 따라 그 기능을 다하도록 운영되어야 하며, 정치적·파당적 또는 개인적 편견을 전파하기 위한 방편으로 이용되어서는 아니 된다.

거와 같은 정치적 목적 또는 자신의 평판을 높이기 위해 교육을 수단으로 이용하는 행위가 이에 해당한다. 정치인의 포퓰리스트적 정책 공약이나 보여주기식 정책 추진 과정에서 교육 본질을 지키려는 현장 교육자들과 교육전문가들의 목소리가 무시되는 현상이 우리에게 낯설지 않다.

5. 언론

언론은 일반 시민들의 눈과 귀가 향하는 방향과 내용, 그리고 내용의 수준을 결정짓는다는 차원에서 중차대한 역할을 하고 있다. 언론은 사실을 중립적으로 편파적이지 않게 전달하여 시민들의 독자적인 판단을 도울 수 있도록 하여야 하나, 실제로는 이념적으로 또는 이해관계에 따라 어느 한 방향으로 기울어지는 문제를 극복하지 못하는 것이다. 사회의 정치 이념적 대립은 언론 지형에도 그대로 반영되어 이 편향성을 오히려 더 부추기고 고착화시키는 기능을 수행하는 것으로 보인다. 더구나 최근 활성화되고 있는 유튜브 언론의 경우는 이러한 편향성을 심화시키는 측면이 강한 것으로 보인다. 여하튼 언론은 자신의 사회적 영향의 중대성을 인식하고, 진실과 공정의 편에 서서 자신의 사회적 책임과 사명 의식을 자각할 필요가 있다. 어떤 자세를 취하느냐에 따라 민주주의의 수호자이자 꽃이 될 수 있지만, 반대로 민주주의를 왜곡하고 저해하는 독(毒)이 될 수도 있음을 알아야 한다.

교육 문제에 대한 언론의 보도는 정치적 이념, 사사로운 관계에서 벗어나 객관적 사실과 교육 본질에 입각한, 보다 전문적이고 심층적인 보도 자세가 필요하다. 언론이 주제를 다루는 초점과 수준이 교육 본질에서 괴리되는 만큼 그 보도는 교육에 해악을 끼치게 된다. 대중의 시선을 본질에서 멀어지게 하고 주변적, 지엽적인 문제에 머물게 만든다. 특히 이념적으로 치우친 편파적 보도는 균형 잡힌 건전한 담론과 여론 형성을 저해하는 반민주적 행태이다.

교육 문제에 대한 제대로 된 보도를 위해서는 적어도 문제의 본질에 접근할 수 있는 실력과 양심이 요구되며 이를 위해 소위 전문기자제의 활성화가 필요하다. 이 제도를 통하여 단순한 사건성, 일회적 보도에서 벗어나 기획 및 심층 탐구적 접근이 이루어질 수 있어야 한다. 또한, 언론보도는 교육 문제를 무엇보다도 국민의 학습권 보장이라는 기본 관점에서 접근하여야 하며, 더 나아가 성장 지향 교육 패러다임에 기반을 두는 것이 필요하다.

6. 교육복지 전문가

2003년 출범한 교육복지투자우선지역 지원사업[24]에 따라 일부 초 · 중학교에 교육복지사업을 담당하는 교육복지 전문인력이 배치되기 시작하였으며, 이들을 애초에는 지역사회 교육전문가, 지금은 주로 '교육복지사'로 부르고 있다. 이들은 주로 사회복지사, 학교사회복지사, 청소년지도사, 평생교육사 등의 자격을 소지하고 있으며, 집중 지원이 필요한 학생들에 대하여 다양한 프로그램과 서비스를 제공함으로써 정상적인 학업 및 학교생활이 이루어질 수 있도록 돕는 역할을 하고 있다. 지난 20년간 이 사업이 지속, 확대되면서 교육복지사의 인원도 증가하여 전국 초 · 중 · 고교에 1,500명 이상이 배치되어 활동하고 있다. 이들은 교육복지사업학교에서 특별한 지원이 필요한 학생

24　이 사업은 2011년부터 '교육복지우선지원사업'으로 명칭이 변경되었으며 애초 교육부의 방침과 특별교부금에 의해 실시되었으나 2011년부터는 지방교육재정교부금 중 보통교부금에 의한 사업으로 전환되면서 시 · 도 교육청이 직접 주관하는 사업으로 이양되었다.

을 진단·발굴하고, 학교 내 협력뿐만 아니라 지역사회 자원과의 연결을 통하여 학생에게 필요한 도움을 제공하며, 특히 사례관리를 통하여 지속적이고 심층적인 지원을 위한 전문적인 접근을 실시하고 있다. 그동안 수많은 학생이 이 사업의 혜택을 받았으며, 이 사업이 성과를 거두고 지속 발전해 올 수 있었던 것은 담당 교원과 함께 교육복지사들의 헌신적인 노력이 있었기 때문이라고 할 수 있다.

출범 20년이 되어가는 시점에서 교육복지사의 역할을 업그레이드하고 보다 효과적으로 교육복지 향상에 기여할 수 있도록 하는 것이 교육 당국의 정책과제가 되고 있다. 또한, 교육복지사가 배치되지 않은 학교의 교육복지 기능은 어떻게 수행되어야 하는가의 문제도 제기되고 있다. 여기서는 앞으로 우리 학교에서 나타날 수 있는 교육 소외 극복을 위하여 학교에 배치된 교육복지사가 어떤 역할을 하여야 하는가에 대한 몇몇 아이디어만 제시하고자 한다.

첫째, 교육 소외 문제의 전문가가 되어야 한다. 교육 소외가 왜, 어떻게, 어떤 양상으로 발생하는가를 파악하고 그것이 진행되는 과정을 추적하며, 그것을 예방, 완화, 해소, 치유하기 위해서는 어떤 접근을 해야 하는가 등등에 관해 이론적 지식과 임상 경험을 바탕으로 전문성을 쌓아야 한다. 이는 의사가 질병과 그 치료에 대한 전문가가 되어야 하는 것과 마찬가지이다. 그러기 위해서는 전문역량을 기를 수 있는 소정의 훈련 과정과 인증의 메커니즘이 마련될 필요도 있을 것이다. 이와 관련, 교육복지사는 사회복지 분야뿐만 아니라 교육 분야에 대한 전문성을 높이는 노력이 필요하다.

둘째, 학생의 삶을 분석하는 전문가가 되어야 한다. 교육복지사는 일차적으로 학생의 문제를 해결해야 하므로 주된 고객인 학생이 겪는 문제들에 대한 전문성을 지녀야 하며, 학생의 입장과 관점에서 문제를 바라보고 공감할 수 있는 감수성(sensitivity)이 필요하다. 교육복지사가 홀로 학생들이 겪는 문제를 다 해결해 주어야 하는 것은 아니지만, 어느 특정 학생에 대한 지원을 위한 교육복지적 판단과 조치가 적정하게 이루어지기 위해서는 그 학생의 문제가 지니는 특수성과 맥락, 문제의 핵심, 당사자가 부여하는 주관적 의미 등에 대한 심층적인 이해가 전제되어야 하기 때문이다.

셋째, 학교 내 교육 소외 대응 기획 조정자가 되어야 한다. 학교에는 교육 소외 문제를 전담하여 총체적으로 접근할 수 있는 전문인력이 현재로서는 교육복지사뿐이다. 교육복지사가 없다면 교사나 학교관리자가 이를 수행하여야 하나 이들은 현 단계에서는 교육복지 전문가라 부르기 어렵다. 교육복지 전문가가 되기 위한 체계적인 훈련 과정이 수립되어 있지 않고 이들 스스로가 자신이 교육복지 전문가라 생각하는 사람도 드물다. 심지어 교육복지는 교육복지사의 책임이지 자신들의 책임 영역이 아니라는 생각을 하는 교원들이 상당히 많다. 학교에서 교육복지부장을 담당하는 교사들조차도 이를 마지못해 맡고 부담스러워하는 경우가 많다.

이러한 인식 부족의 문제는 그 자체로 개선되어 교원의 교육복지역량이 신장되어야 하지만, 일단 교육복지사가 배치되어 있는 학교에서는 당연히 교육복지사가 학교의 교육 소외 문제에 대하여 총체적으로 대응하기 위한 전략과 집행 과정을 설계하고 조율하는 역할을 하여야 한다. 이를 위해서는 학교관리자를 비롯한 교원들과의 긴밀한 소통과 협조가 이루어져야 한다. 교육복지사 자신이 확보한 전문적 권위가 중요하게 작용하겠지만, 교육복지사가 실질적으로 이러한 역할을 할 수 있도록 학교관리자가 권한 부여(empowerment)를 하고 효율적으로 업무를 추진할 수 있는 메커니즘을 구축하는 조치가 함께 이루어져야 한다. 예컨대, 학내 교육복지협의회 또는 위원회를 구성 운영하고 그 기획 및 총괄 책임을 교육복지사가 맡는 것이다. 더 나아가 이러한 시스템이 제도적으로 확립되는 것이 바람직하다.

넷째, 학교-지역사회 연계 협력의 촉진자가 되어야 한다. 2003년에 출범한 교육복지투자우선지역 지원사업은 학교가 지역과 협력하여 교육 소외에 대응하도록 처음부터 기획되었던 사업이다. 학교에 배치된 교육복지사들은 학교와 지역 간의 소통과 협력을 담당하는 연락자(liaison)이자 촉진자(facilitator)의 역할을 적극적으로 수행하였으며 그 결과로 사업은 상당한 성과를 거두었다. 이 사업은 우리 학교가 닫힌 문을 열고 지역사회와 손을 잡은 사실상 최초의 사례이다. 이후 학교-지역 간 협력은 교육복지의 주된 접근 전략으로 늘 강조되었다.

교육 소외의 원인은 학교 안에만 있는 것이 아니며 학생의 삶 전반에 연관되어 있는 경우가 많으므로 학교만의 노력으로는 이에 대응하는 데 한계가 따른다. 지역사회에도 교육 소외 문제에 도움을 줄 수 있는 주체[25]들이 활동하고 있으며, 학교가 이들과 유기적으로 소통하고 협력한다면 아이들에게 보다 통합적이고 효과적인 도움을 줄 수 있는 기회를 마련할 수 있을 것이다. 이와 같은 학교-지역사회 협력에 있어서 교육복지사의 역할은 절대적이다.

다섯째, 교육복지 생태계의 디자이너이자 코디네이터가 되어야 한다. 앞에 교육행정공무원에 관한 논의에서 생태주의 접근법을 소개하였는바, 이 접근법은 교육행정공무원뿐만 아니라 누구에게나 유용한 접근법이라고 할 수 있다. 교육 소외 문제를 생태주의적으로 파악하는 것도 필요하고 이를 해결하기 위한 교육복지의 전략 수립을 생태주의적으로 접근하는 것도 가능하고 유익하다. 교육복지 생태계란 교육 소외 문제를 중심으로 이를 극복하고자 하는 학교 기반 교육복지 체제에 참여 또는 관여하는 요소 간의 상호작용 관계

---

25 복지관, 지역아동센터, 청소년수련시설, 청소년상담복지센터, 평생교육센터, 도서관, 학교밖청소년지원센터, 각종 대안교육시설과 프로그램 등 다양한 아동·청소년 복지기관과 단체, 그리고 이들이 운영하는 여러 지역 기반 학습 프로그램 등을 말한다.

와 이 체제를 둘러싸고 있는 환경의 다양한 요소들과의 관계까지를 포함하는 역동적인 복합체를 의미한다.

　교육 소외를 해소하기 위하여 교육복지를 실천하는 일은 결국 이러한 생태계 안에서 전개되는 것이며, 이 생태계 안에서 보다 순기능적으로 일의 진행이 이루어질 때 교육복지는 성과를 낼 수 있을 것이다. 이를 위해서는 생태계의 구성과 기능에 대한 정확한 이해를 바탕으로, 교육 소외 문제를 진단하고 문제 해결을 위한 실행 가능한 대안이 모색되고 실천 계획이 수립되어야 한다. 또한 계획 실행 과정에서 만나는 여러 문제를 아우르고 조정하는 역할, 즉 코디네이터의 존재가 필요하게 된다. 교육복지사는 지속 발전이 가능한 교육복지 생태계 조성을 위한 디자이너이자 코디네이터가 되어야 한다. 아이 한 명 한 명의 교육 소외를 해소하여 정상적인 성장을 돕는 일은 결국 그 기반이 되는 교육복지 생태계가 건강하고 원활하게 작동될 때 성과를 거둘 수 있다. 앞으로 교육복지사는 명실상부한 교육복지 전문가로서 교육복지 생태계를 이끄는 주역이 되어야 한다.

─── Ⅲ
마무리

지금까지 우리나라가 자유민주주의 국가로서 지속 발전, 번영하기 위해서는 국민 개개인의 사고력, 도덕성 등 정신적 역량이 핵심 자산이며 이를 제대로 함양하는 교육이 이루어지지 않으면 국가의 장래가 어두울 수 있다는 전제 아래, 우리 교육이 지닌 문제점을 극복하고 개인의 역량을 최대화하기 위해서는 우리 교육의 패러다임이 종래의 효율 지향에서 성장 지향으로 전환되어야 함을 주장하였다. 또한, 국민 개개인이 이를 위해 어떤 역할을 해야 하는가에 대하여도 나름대로 의견을 제시하였다.

여기까지 이야기하고 나서도 아직 의문이 남는 부분들이 있는데, 그중 두 가지에 대하여 생각을 정리하는 것으로 이 책을 마치고자 한다. 첫 번째 의문은 과연 우리 교육이 효율 패러다임을 벗어나서 성장 패러다임으로 중심 이동할 수 있을 것인가, 가능하다면 어떤 과정을 거치게 될 것인가 하는 것이며, 두 번째 의문은 현대 사회가 바탕을 두고 있는 능력주의(meritocracy)에 따라 형성된 새로운 불평등 구조를 극복하는 데 이러한 패러다임 전환이 어떻게 기여할 수 있는가 하는 것이다.

1. 성장 지향 패러다임으로의 전환은 가능한가?

앞에서도 언급하였듯이 우리 교육의 여러 장면에서 이미 효율 패러다임과 성장 패러다임 간의 힘겨루기가 전개되고 있다. 어떤 장면에서는 전자의 힘이 아직 막강하여 큰 변화가 일어나지 못하는 반면에, 어떤 장면에서는 후자의 기세가 강하여 변화의 추세가 나타나는 경우도 있다고 할 수 있다. 문제는 당위론적으로는 후자의 방향을 옹호하면서도 실제 힘의 작용에서는 전자의 원리가 고수되는 이중적인 모습이 나타나고 있다는 점이다. 예컨대, 정부의 수월성 교육 정책 같은 경우에 개념상으로는 보편적, 절대적 수월성을 지향하면서도 실제 정책의 내용은 영재교육, 특목고, AP 제도 등과 같이 상대적, 선별적 수월성의 관점이 적용되는 것을 볼 수 있다. 에드가 샤인이 제시하였듯이, 신봉하는 가치(espoused value)와 실제 작동하는 가치(acting value)가 서로 다른 것이다.

패러다임은 그 시대의 문화를 구성하는 핵심 요소이다. 현재 우리의 교육을 둘러싸고 있는 문화는 효율과 성장의 아이디어들을 동시에 품고 있으며 다만 현실의 헤게모니에 있어서 힘의 차이가 있는 것이라고 말할 수 있다. 패러다임의 변화는 문화의 변화를 의미한다. 문화 자체는 보수성을 지니고 있어 가급적 현상(現狀)을 유지하려는 힘, 관성의 힘이 작용한다. 문화는 인간 생활의 크고 작은 문제들을 해결해 주는 해법(solution)이다. 그것이 현실의 문제를 해결해 주는 유용성을 지니고 있는 한, 사람들은 굳이 그것을 바꿀 필요를 느끼지 못한다. 다시 말하면, 문화가 현실의 문제를 더 이상 해결해 주지 못한다면 사람들은 새로운 해법, 즉 새로운 문화의 필요성을 느끼기 시작할 것이다. 이와 같이 사람들의 체험에 의한 의식 변화가 문화 변화의 필수적 요건이다. 이러한 과정은 상당히 긴 시간이 소요되기도 하고 경우에 따라서는 비교적 이른 시간 안에 진행되기도 한다.

효율 패러다임이 지금까지 주류문화를 이루는 핵심 요소였다는 것은 그것이 가져다주는 효용이 작지 않았음을 의미하는 것이다. 그러나 문제는 이제 더 이상 우리 국민 개개인과 우리 사회가 당면하고 있는 교육을 둘러싼 문제 상황이 효율 패러다임의 방식으로는 해결될 수 없으며, 그 효율 패러다임 자체가 문제의 핵심 원인이 되고 있다는 것이다. 더구나, 효율 패러다임이 간단치 않은 역사를 지니며 우리 사회와 문화 속에 깊고 넓게 뿌리를 내리고 있다는 것이다.

병을 고치려면 아프다고 얘기를 해야 한다. 병이 있는데 아직 자각증세가 없는 경우도 있다. 이런 경우를 위해 병의 유무를 진단하기 위한 정기적 검사가 필요하다. 병의 증세가 파악되고 나면, 병의 증상, 발생 원인과 진행 과정, 감염 여부 등이 연구 분석되고 치료법과 예방법이 조치되어야 한다. 마찬가지로 우리 교육의 문제를 치유하고 예방하기 위해서는 문제가 있음을 공개적으로 이야기하고, 문제의 실체와 심각성, 원인과 양상 등에 대하여 연구 조사가 이루어지고 그 결과를 공유하며, 문제를 해결하고 예방하기 위한 방안을 논의하고 실천을 위한 전략과 계획을 수립 실행해야 한다.

교육의 문제는 누구에게나 관련되는 사항으로, 여기서 자유로운 사람은 별로 찾기 어려울 것이다. 이 때문에 어느 누구도 문제 해결에 대한 주인의식과 책임 의식을 갖기 어려울 수 있으나, 반면에 모든 사람이 관심을 두고 문제 해결에 참여할 수 있는 여지를 안고 있는 이슈이기도 하다. 중요한 것은 직접 책임을 맡고 있는 교육 당국과 교원뿐만 아니라 학부모, 학계, 정치인, 언론, 시민 등이 적극적으로 문제를 제기하고 사회적인 공론화를 이끌어야 한다. 모두가 아픈 것을 참고 견디기만 한다면 병을 고칠 수 없으며 결국 파국에 이르게 될 것이다.

사회적 공론화가 이루어지고 나면, 그다음에는 구체적으로 어떻게 성장 패러다임을 교육 현장에서 실현할 것인가 하는 방법론의 문제가 제기될 것이다. 그것은 1차적으로 현장 교육자들의 몫이며 그다음은 교육을 연구하는 학자, 정책을 담당하는 행정가의 몫이다. 이와 관련하여 성장 패러다임에 기초한 교육 실천 방안이 연구되고 체계적인 실행 방안이 강구되어야 한다. 이러한 과정에는 현장 교원들의 자발적인 혁신 노력이 이루어지고 그 경험이 결집되어야 하며, 연구자들은 이를 분석하고 체계화, 이론화하여 전파, 확산하도록 해야 한다. 무엇보다도 현장 교육자들 간에 성장 지향 교육 실천의 필요성에 대한 자각, 자성과 함께 실천 방안에 대한 활발한 토론과 개발, 적용 시도가 환영받는 분위기가 형성되어야 한다.

이러한 변화는 하향식(top-down)으로는 결코 이루어질 수 없으며, 교육 당국이 할 일은 이러한 혁신이 시작되고 지속될 수 있는 여건을 조성하는 데 집중하는 것이다. 즉, 혁신의 해답을 제시하는 것이 아니라 혁신의 동력을 제공하고 혁신이 가능한 생태계를 구축하는 것이다. 우리에게 필요한 패러다임의 전환은 문화적 수준의 변화이다. 사람들의 의식, 태도, 행동, 더 나아가 신념의 변화를 요구하는 것이다. 사람들 스스로 문제의 실체와 심각성을 인식하고 해법을 찾아내어 실천하는 시행착오를 통해 자신의 것으로 내면화, 체화하는 일련의 학습 과정이 진행되지 않으면 이러한 문화 수준의 깊은 변화는 일어나기 어렵다. 실로 어려운 변화 과제를 우리가 안고 있는 만큼, 시간이 걸리더라도 실질적인 변화가 이루어질 수 있는 올바른 접근법으로 다가가지 않으면 실패의 가능성이 높다. 우리는 그러한 실패를 지금까지 숱하게 반복해 왔다. 우리가 당면한 패러다임 전환의 과제는 몇 번이고 실패해도 괜찮은 그런 가볍고 한가한 문제가 아니다. 접근법의 실패로 해결이 늦어지는 만큼 효율 패러다임의 병폐는 심화되고, 그에 따른 고통은 무거워지며, 문제 해결의 가능성은 점점 줄어든다.

2. 능력주의의 덫을 벗어날 수 있는가?

능력주의(meritocracy)는 과거 귀족과 평민으로 구분되는 전근대적 신분 사회를 타파하고 개개인이 모두 평등하게 자유를 누릴 수 있는 민주주의 시민사회가 오늘날 존속 가능하도록 지지하고 있는 핵심적인 사회 운영 원리 중 하나이다. 민주시민 사회에서의 사회적 가치의 배분은 과거의 신분이 아니라 '능력'에 의해 이루어지는 것이 원칙이다. 사실상 능력이라는 것은 그 자체를 눈으로 관찰할 수 없으며 우리는 그 능력에 기초하여 나타난 성취(achievement)를 통하여 능력을 추정하게 된다. 그런데, 성취에는 능력뿐만 아니라 '노력'이 필연적으로 개입된다. 그러므로 우리가 능력주의라고 하는 것은 '능력+노력'에 기초하여 얻어진 '성취'를 준거로 삼는 것이라고 말하는 것이 정확할 것이다.

자기 능력이나 노력과 상관없이 신분사회의 귀속 지위(ascribed status)에 근거하여 세습과 같은 방식으로 사회적 가치의 배분이 이루어지고 그로 인해 개인의 능력과 노력으로는 극복할 수 없는 사회적 불평등이 고착되었던 시대에 비하면, 개인의 능력과 노력으로 사회적 가치를 획득할 수 있는 기회가 열린다는 것은 합리주의가 통용되는 평등사회로 전환하는 거대한 역사적 의미를 지닌 것이었다. 8.15 광복 이후 자유민주주의를 선택한 우리나라가 역사상 유례없는 급속한 발전을 이룬 것은 바로 이 능력주의 적용의 결과임이 명백하다. 우리나라뿐만 아니라 서구 민주주의 국가들과 그 체제를 수용한 세계의 여러 국가가 오늘의 번영을 구가하는 것도 마찬가지로 능력주의가 사회적 가치 배분의 기본원리로 적용되었기 때문이라고 볼 수 있다.

그러나, 오늘날 여러 지식인은 이와 같이 합리와 평등을 지향했던 능력주의가 새로운 불평등 사회를 만들어내는 역기능을 나타내고 있음을 지적하고 있다. 과거 신분사회의 귀족 엘리트들은 사라졌으나 능력주의 사회에서 능력을 발휘하는 소수 엘리트가 그 자리를 차지하고 있다고 주장한다.《정의란 무엇인가》의 저자 마이클 샌델은《공정하다는 착각》이라는 새 저서에서, 대니얼 마코비츠는《엘리트 세습(The meritocracy trap)》에서, 조지프 피시킨은《병목사회》에서 모두 능력주의의 함정에 대해 비판하고 있다. 그 요체는 합리와 공정을 대변하였던 능력주의에서 중요한 것은 그 능력을 획득하고 발휘하는 과정이 공정해야 한다는 것이나, 현실에서는 이 조건이 제대로 충족되지 못한다는 것이다.

능력을 획득하는 방법은 ① 선천적으로 부모에게 물려받거나 ② 후천적인 노력으로 습득하는 것이다. 선천적인 부분은 자신의 노력과 상관없이 주어지는 것이므로 유전인자가 좋은 부모를 만난 것은 그냥 운(運)이라 할 수 있다. 문제는 후천적인 부분으로서, 능력을 습득하는 과정이 과연 공정하게 이루어지는가 하는 것이다. 부유한 가정의 자녀는 좋은 성장환경에서 비싼 고급 교육을 받고 명문 학교에 다닌 뒤 소득수준과 사회적 명망이 높은 직업으로 진출할 가능성이 높다는 것은 삼척동자도 아는 상식에 해당한다. 부모의 사회경제적 지위가 학생의 학업성취도에 절대적 영향을 미친다는 것은 수많은 연구로 검증된 진실이다. 개천에서 용이 나기가 점점 더 어려워지고 있다는 말도 사실이다.

현대 능력주의 사회에서 능력은 누구나 노력하면 동등하게 획득할 수 있는 대상이 아니라는 사실이 확실해지고 있다. 부모의 사회경제적 지위, 즉 학력, 직업과 소득, 거기에 더하여 그들이 향유하는 문화자본(cultural capital), 사회자본(social capital)과 같은 자산들이 그들 자녀의 능력 획득 과정에 영향을 미친다. 결국 능력도 세습된다고 말하는 것이 틀린 얘기가 아니다. 이는 곧 능력이 있는 엘리트들에 의하여 아무나 진입할 수 없는 새로운 계층이 형성되고 있으며, 이는 과거 신분사회와는 다른 유형의 새로운 불평등 사회를 만들어내고 있다고 할 수 있다. 다만, 이들이 과거의 귀족들과 다른 점은 옛날 귀족들처럼 한가하지 못하다는 점이다. 이들은 끊임없이 능력을 입증하지 못하면 현재의 높은 신분을 유지할 수 없는 구조 속에 놓여 있으므로 지속해서 성과를 내기 위해 노력하지 않을 수 없다. 그 성과에 높은 보상이 따르기는 하지만 그 대신 이들에게는 휴식이 없다는 특징이 있다.

이 신(新) 엘리트 계층에 속하지 못한 사람들은 중간층과 하위 계층을 이룬다. 특히 대부분 중간층은 엘리트들과 마찬가지로 능력주의를 신봉하며 열심히 노력했던 사람들이다. 그들은 엘리트 계층에 들지 못한 것을 자기 능력 부족이나 돈 많은 잘난 부모를 만나지 못한 불운의 탓으로 돌리는 경향이 있다. 그리하여 엘리트 계층의 존재는 합리화된다. 물론, 모두가 같은 생각을 한다고는 할 수 없다. 새로운 불평등 구조를 인식하고 비판적인 태도를 보이는 사람들도 있을 것이다. 불평등 구조가 더욱 공고하게 굳어질수록 그에 대한 중간층 이하의 좌절과 적개심, 저항과 비판은 더 거세어질 수 있다. 이는 곧 사회분열로 이어질 정도의 파괴력을 지닐 수도 있다.

제1부의 우리 교육의 문제에서 논의했던 성과주의는 능력주의와 직결된다. 우리 교육에서도 이미 이러한 능력주의의 병폐가 지적되었다. 우리 고등학교들은 일류 명문대학을 목표로 경쟁하는 예비 엘리트 집단 학생들과 이 경쟁을 포기하고 중급 또는 그 이하 대학에 진학하고자 하는 예비 중간층 학생들로 구분되는 것이 아닌가 하는 생각이 든다. 학력 부진의 문제가 아무래도 저소득층이나 취약계층 학생들에게 더 많이 나타나는 추세임을 부정할 수

없으며, 하위 계층의 자녀들이 일류 명문대학을 들어가기는 점점 더 어려워지고 있다. 능력주의를 표방해 온 교육이 사회 불평등을 해소하기 위한 개혁의 나침반이자 엔진이 되어야 함에도 사실은 교육이 오히려 사회적, 문화적 재생산(reproduction)의 도구가 되고 있다는 비판은 갈등이론 중심 교육사회학의 오랜 주제인바, 이는 아쉽게도 오늘날 한국 교육에 상당 부분 적용될 수 있다고 본다.

그렇다면, 우리의 주제인 성장 패러다임의 교육은 과연 이 문제를 극복하는 데 기여할 수 있는가? 먼저 효율 패러다임 적용 시 교육 기회의 불평등이 발생할 수 있는 지점이 어디인가를 찾고 이러한 부분에 대하여 성장 패러다임은 어떤 역할을 할 수 있는가를 살펴보면 어느 정도 답을 구할 수 있지 않을까 생각한다.

첫 번째 지점은 획일화된 교육 내용과 평가 기준이다. 우리 교육 문제에 대한 논의에서 획일화, 경직성, 집단주의와 평균주의, 표준화 등에 대하여 논하였듯이 우리 교육은 학생 개개인의 교육적 필요에 맞춘 개별화 수준이 아직 낮다고 볼 수 있다. 대부분 같은 내용을 같은 속도로 배우고 같은 잣대로 한 날한시에 평가받는 형태가 주류적인 운영 방식이라고 할 수 있다. 부분적으로 수준별 이동학습이 실시된다고 해도 이는 개별화라기보다는 학습 집단을 조금 더 세분화한 정도의 의미를 지닐 뿐이다. 초·중·고 12년간 학업 평가의 지배적인 기준은 일관되게 국어, 영어, 수학이다. 즉 언어능력과 수리 능력이 주된 기준이며 다른 영역은 상대적으로 비중이 떨어진다. 결국 언어와 수리 능력이 좋은 학생이 우수한 학생으로 평가되는 반면, 예체능과 같은 다른 영역에서 우수하여도 이 두 영역에서 뒤떨어지면 우수 학생으로 평가받기는 어려워진다. 즉, 우수성을 발휘하는 영역의 차이에 따라 아이가 학교생활 전반에서 누리는 지위와 기회에 차이가 나타난다는 것이다.

성장 패러다임은 획일화에서 다양화, 다원화로의 전환을 요구한다. 아이들은 저마다 다른 능력을 타고나며 자기가 선택하는 진로에 따라 요구되는 능력은 다양하다. 예컨대 화가나 음악가가 되고자 하는 아이에게 수학 성적은 과학자나 공학자가 되려고 하는 아이에 비해 중요하지 않을 수 있다. 아이 하나하나의 교육적 필요에 대한 고려가 배제된 획일적인 기준을 적용하여 아이를 평가하고 그에 기초하여 수립된 틀에 의해 아이에 대한 교육적 조치들이 이루어진다면 이는 심한 경우 일종의 폭력일 수 있다. 여기까지는 물론 모든 학생에게 해당하는 문제로 보아야 한다. 문제는 이와 같이 언어와 수리 능력에 초점 맞추어진 획일적 성적 경쟁에서 누가 유리하고 누가 불리한 위치에 서게 되는가 하는 것이다.

우리의 경험으로 볼 때, 학력이 높고 소득과 사회적 지위가 높은 직업에 종사하는 부모들은 그렇지 못한 부모들에 비해 언어와 수리 능력이 우수할 가능성이 높다. 왜냐하면 그들도 그 분야의 능력을 바탕으로 학창 시절 좋은 성적을 얻어 좋은 대학에 가고 좋은 직장에도 들어갈 수 있었기 때문이다.[26] 그 자녀들은 선천적으로 그 분야에서 부모의 우수한 재능을 물려받았을 가능성이 높다고 보아야 한다.

그뿐만 아니라 후천적으로 능력을 개발함에 있어서도 더 많은 유리한 조건을 활용할 수 있다. 우선, 부모가 언어, 수리 학습에 직접적 도움을 줄 수 있으며 학습에 관한 더 많은 유익한 정보를 수집, 제공할 가능성이 있다. 또한, 값이 비싼 양질의 사교육 기회를 더 오랜 기간 동안 제공할 수 있다. 특히, 영어와 같은 경우에는 부모가 해외 유학이나 근무에 아이를 데려가거나 아이에게

---

26 이들이 예체능이나 기술 분야의 재능보다는 언어와 수리 능력에 힘입어 사회적으로 성공했을 가능성이 일반적으로 높다고 볼 수 있을 것이다.

해외 어학연수를 시켜 능력을 개발하는 등 유리한 기회를 제공할 수도 있다. 요컨대, 결국 평가 기준의 영역이 한 곳으로 집중될수록 이 경쟁에 투입할 수 있는 자원의 격차는 커지게 되고, 엘리트 계층과 다른 계층 간의 능력 획득 기회의 격차는 더 벌어지게 된다는 것이다.

두 번째 지점은 상대적, 선별적 수월성이다. 이는 앞의 획일성과도 연결되는 문제이다. 우리 교육은 획일적인 기준에 의해 학생을 상대적으로 평가하는 방식이 주를 이룬다. 교육의 수월성이란 우리 사회에서 상대적, 선별적 수월성을 의미한다. 물론 교육학자들이나 일부 교육자들의 생각은 이와 달리 절대적, 보편적 수월성을 지향한다. 이는 곧 성장 지향 교육 패러다임의 핵심이기도 하다. 여하튼 교육에서의 상대적, 선별적 수월성은 곧 엘리트주의를 의미한다. 소수의 재능이 뛰어난 학생들이 더 뛰어날 수 있도록 지원하는 것이 엘리트주의 교육이다. 우리나라의 과학고를 비롯한 특목고나 영국의 유명한 이튼스쿨(Eaton School), 미국의 명문고인 필립스 아카데미와 같은 고등학교, 대학으로는 영국의 케임브리지와 옥스퍼드, 미국의 아이비리그와 같은 학교들이 상대적 수월성을 추구하는 교육의 상징이라고 할 수 있다.

문제는 이러한 상징적인 학교의 존재가 아니라, 모든 학생을 아우르는 교육 전반에 상대적, 선별적 수월성의 원리가 무차별적으로 적용되는 경우의 문제이다. 모든 학생을 영어, 수학과 같은 기준으로 수직적으로 줄 세워 서열화하고 서열이 높은 우수한 학생들에게 더 많은 기회와 자원이 편중되는 경우가 문제가 된다. 정도의 차이는 있다 하더라도 이러한 모습은 우리 학교에서도 자주 눈에 띈다.

더 심각한 문제는 성적이 높지 않은 학생들도 자기 나름의 속도로 어떤 과목이라도 학습할 수 있고 또 그렇게 허용되어야 함에도 불구하고 그런 기회가 주어지지 않는다는 점이며, 그들의 학습 속도가 존중되고 배려되어야 하는 그들의 특성임에도 불구하고 오히려 지탄과 비난, 멸시의 대상이 되기 십 상이며, 그 결과 무능하거나 부적응하는 학생으로 낙인이 찍히는 결과에까지 이르기도 한다는 것이다.

이와 같은 시스템과 풍토 속에서 성적이 낮은 학생은 더욱 뒤처지고 불리 한 위치에 놓일 수밖에 없다. 시간이 흐를수록 앞서가는 아이들과의 격차는 더 벌어지고 급기야 일부는 학습의 동기를 잃고 좌절하여 학업을 포기하는 상황에까지 이르게 된다. 엘리트 계층 아이들보다는 중간층 이하 아이들이 이런 상황에 놓일 가능성이 높다는 점은 분명하다. 이와 같이 상대적, 선별적 수월성 관점의 적용은 수많은 학생에게 열등감과 좌절을 안겨줄 수 있으며 결과적으로 능력 획득 과정에서의 불평등을 겪도록 하는 것이다.

성장 지향 패러다임은 절대적, 보편적 수월성을 강조한다. 누구나 자기의 잠재 역량을 최대한 개발하고 발휘하면서 성장할 수 있는 교육을 추구하는 것이다. 학생들은 자신에게 필요한 영역에서 능력을 획득하기 위하여 남과 비교하지 않고 자기만의 속도와 경로를 통해 학습을 진행하여야 한다. 남과 비교하여 열등감을 느낄 필요도 없고 좌절할 일도 없다. 나는 나의 필요에 따 라 공부하고 그만큼 성장해 나가면 된다. 그러다 보면 자신의 한계에까지 도 달할 수 있고 노력에 따라 애초 생각했던 한계를 극복하고 뛰어넘을 수도 있 을 것이다. 이것이 곧 우리 헌법에 나와 있는 능력에 따라 균등한 교육을 받 을 권리를 실현하는 길이다.

세 번째 지점은 공급자 중심의 계량적 접근과 관련된다. 교육이 공급자 중 심의 계량적 접근을 취한다는 것은, 수요자인 학습자의 관점과 입장이 제대 로 고려되지 못하고 학생에 대한 이해와 평가도 결과적으로 드러난 양적 수 치에 의존하며, 실제로 학생이 처해 있는 상황적 맥락, 학생의 주관적 인식과 정서와 같은 요소들이 다루어지지 못한다는 것을 의미한다. 이와 같이 학습의 주체인 학습자의 관점이 결여된 채 이루어지는 교육은 마치 의사가 환자의 특수한 상황을 제대로 파악하지 못하고 기계적으로 처방을 하는 것이나 마찬가지이다.

교육적으로 심한 소외를 겪는 학생일수록 심리 정서적 차원의 어려움을 겪고 있는 경우가 많으며, 특히 인간관계의 왜곡이나 단절 상태에서 부정적인 경험을 안고 있는 경우도 많다. 이들의 문제를 치유하여 정상적인 학업과 학교생활이 이루어질 수 있도록 돕는 데서는 신뢰 바탕의 인간관계 회복, 소통과 교감, 자기 삶에 대한 긍정적 의미 부여 등이 핵심적인 요소가 된다. 이를 위해서는 성장 지향 패러다임의 요소인 학습자 중심의 접근과 맥락(context)의 중시, 질적 접근 등이 적용되어야 한다. 교육 현장에서 이와 같은 접근이 이루어지지 않는다면 교육 소외를 겪는 아이들은 그대로 방치되고 소외와 불평등은 더욱 심화 확산할 수밖에 없다.

이상에서 효율 패러다임이 교육 불평등을 발생시키는 지점과 이를 성장 패러다임이 어떻게 극복해 나갈 수 있는가에 대하여 살펴보았는바, 사실상 효율 패러다임 전체가 총체적으로 인간소외와 불평등을 초래하는 데 직간접으로 작용한다고 할 수 있으며, 이와 반대로 성장 패러다임은 총체적으로 인간의 존엄을 지키며 모두가 동등하게 성장 발전할 수 있는 기회를 제공하고 여건을 조성할 수 있다는 차원에서 양자가 서로 분명하게 대비되는 사고이자 관점이라고 할 수 있다.

결론적으로, 우리가 성장 패러다임을 통해 교육을 실천해 나간다면 능력주의가 형성한 새로운 유형의 불평등 구조를 완화하고 극복해 나가는 데 분명히 도움이 될 것이다. 물론 그 효과가 큰 규모로 이른 시간 내에 나타나기는 어려울 것이나, 우리는 교육 현장에서 학생의 태도 변화와 같이 미시적으로 나타나는 변화를 어렵지 않게 목도할 수 있을 것이며, 이러한 작지만 의미 있는 변화들이 모여 마침내 거대한 변화의 물줄기를 형성할 수 있을 것으로 생각한다. 결국은 성장 지향 패러다임이 능력주의의 덫을 극복하고 넘어설 수 있을 것이다. 왜냐하면, 그 속에는 인간의 존엄과 성장에 대한 믿음이 굳건한 토대를 구축하고 있으며, 이에 따라 교육의 본질에서 멀어지지 않으려는 힘이 교육의 전 과정, 전 장면에서 항상 작용하고 있기 때문이다.

참고문헌

김경애 (2016). 2035 미래교육시나리오 : 초 · 중등교육을 중심으로(한국교육개발원 이슈페이퍼)

김인희 (2007). 학교혁신과 형식주의의 관계에 관한 연구. 교육행정학연구. 25(3). 29-56

김인희 (2008). 학교교육혁신론. 경기 : 한국학술정보(주)

김인희 (2019). 교육복지와 학교혁신. 경기 : 한국학술정보(주)

김인희 · 이혜진 (2016). 한국교육에서 수월성의 의미와 실현 조건 탐색. 교육정책연구 제3권. 39-81

김태완 (2015). 미래학교 도입을 위한 기본설계 구상. 한국교육개발원

대통령자문 교육개혁위원회 (1995). 세계화 · 정보화 시대를 주도하는 신교육체제 수립을 위한 교육개혁방안

서근원 (2012). 학교혁신의 패러독스. 서울 : 강현출판사

유영만 (2020). 코로나 이후 바람직한 교육의 변화 방향. https://brunch.co.kr/@kecologist/257

이돈희 (1999). 교육정의론. 서울 : 교육과학사

이인효 (1990). 인문계고등학교 교직문화 연구. 서울대학교 박사학위 논문

이정동 (2017). 축적의 길. 서울 : 지식노마드

이지성 (2020). 에이트 씽크. 서울 : 차이정원

이철승 (2021). 쌀, 재난, 국가. 서울 : 문학과지성사

정기오 (2005). 교육에서의 정책평가 : 교육과정과 장학의 상호관계. 한국교원대학교 교육정책대학원 제3회 교육정책세미나 발표논문, 2005. 11

조한혜정 (2007). 학교를 거부하는 아이, 아이를 거부하는 사회. 서울 : 또 하나의 문화

최재모 (2019). 생성적 관점의 학교혁신 연구. 한국교원대학교 석사학위 논문

최진석 (2017). 탁월한 사유의 시선. 서울 : 21세기북스

허병기 (2003). 교육조직의 리더십 : 교육력과 인간화를 지향하여. 교육행정학연구
    21(1). 95-121

Acemoglu, D. & Robinson, J. (2012). 국가는 왜 실패하는가. 최완규 역. 서울 : 시공사

Boaler, J. (2019). 언락(Limitless mind). 이경식 역. 서울 : 다산북스

Combs, A. (1991). 우리가 원하는 학교. 구혜정 역. 서울 : 학지사

Couch, J. & Towne, J. (2020). 교실이 없는 시대가 온다(Rewiring education). 김영선 역.
    서울 : 어크로스

Covey, S. (2004). 성공하는 사람들의 7가지 습관. 김경섭 역. 서울 : 김영사

Dewey, J. (1916). Democracy and education. New York: The Free Press

Evans, R. (1996). The human side of school change. San Francisco: Jossey-Bass

Fishkin, J. (2016). 병목사회. 유강은 역. 서울 : 문예출판사

Freire, P. (1970). The pedagogy of the oppressed. New York: Continuum

Hargreaves, A. (1994). Changing teachers, changing times: teachers' work and culture in
    the postmodern age. New York: Teachers College Press

Hess, F. M. (1999). Spinning wheels: the politics of urban school reform. Washington,
    D.C.: Brookings Institution Press

Hicks, D. (2019). 일터의 품격(Leading with dignity). 이종민 역. 서울 : 한빛비즈

Markovits, D. (2020). 엘리트 세습(The meritocracy trap). 서정아 역. 서울 : 세종서적

Mill, J. S. (2020). 자유론. 박문재 역. 경기 : 현대지성

Miller, A. (2006). 폭력의 기억, 사랑을 잃어버린 사람들. 신홍민 역. 서울 : 양철북

National Commission on Excellence in Education(NCEE) (1983). A Nation at Risk

OECD (2019). PISA 2018 Results (Volume 1-5)

OECD (2013). Skills Outlook 2013

Rein, M. (1983). From policy to practice. Armonk, N. Y.: M.E, Sharpe

Rogers, E. (2005). 개혁의 확산. 김영석 외 역. 서울 : 커뮤니케이션북스

Rogers, C. & Freiberg, H. J. (1994). Freedom to learn. New York: Macmillan

Rose, T. (2017). 평균의 종말(The end of average). 정미나 역. 서울 : 21세기북스

Rosling, H. (2019). 팩트풀니스. 이창신 역. 경기 : 김영사

Sandel, M. (2020). 공정하다는 착각(Tyranny of merit). 함규진 역. 서울 : 와이즈베리

Schein, E. (1992). Organizational culture and leadership. San Francisco: Jossey-Bass

Taleb, N. (2012). 안티프래질. 안세민 역. 서울 : 와이즈베리

Tyack, D. and Cuban, L. (1995). Tinkering toward utopia. Cambridge: Harvard
    University Press

Weick, K. E. (1976). Educational organizations as loosely coupled systems.
    Administrative Science Quarterly, vol. 21, No. 1 (March 1976)

Wenger, E., McDermott, R. & Snyder, W. M. (2002). Cultivating Communities of
    Practice. Boston, MA: Harvard Business Press

효율에서 성장 패러다임으로

교육이 바뀌어야
나라가 산다

초판인쇄 2024년 11월 15일
초판발행 2024년 11월 15일

지은이 김인희
펴낸이 채종준
펴낸곳 한국학술정보(주)
주 소 경기도 파주시 회동길 230(문발동)
전 화 031-908-3181(대표)
팩 스 031-908-3189
홈페이지 http://ebook.kstudy.com
E-mail 출판사업부 publish@kstudy.com
등 록 제일산-115호(2000. 6. 19)

ISBN 979-11-7318-059-0 93060